CW00410145

SOBREnATURAL

Más allá de los cinco sentidos
Los fascinantes poderes hipersensoriales
de los animales y las plantas

SOBREnATURAL

Más allá de los cinco sentidos
Los fascinantes poderes hipersensoriales
de los animales y las plantas

John Downer

gedisa
editorial

A mi madre

Este libro acompaña la serie televisiva *SuperNatural* de la BBC. Su producción fue una colaboración de muchos talentos y sería difícil dar cuenta de la importante contribución de todos los miembros del equipo de producción. Los productores Susan McMillan, Mark Brownlow y James Honeybourne investigaron y desarrollaron la mayoría de los temas de los relatos. El investigador Philip Dalton descubrió muchas de la historias individuales; Margaret Black, Nathalie Harrison y Tilly Scott-Wilson contribuyeron con su apoyo infalible a la producción. En el ámbito práctico, Nigel Williams y Nick Pitt trabajaron con muchos de los animales y el productor cinematográfico Stuart Napier realizó kilómetros de película, organizándola durante dos años en un conjunto coherente. En la BBC Worldwide, Sheila Ableman, Martha Caute, Linda Blakemore y Caroline Taggart mostraron un gran entusiasmo por el proyecto escrito y lo convirtieron en un libro del que estoy muy orgulloso. *SuperNatural* se basa en las investigaciones de científicos de muchas disciplinas. En nuestras indagaciones hemos recibido siempre sugerencias y orientaciones de gran valor y estoy en deuda con los que nos brindaron generosamente sus consejos. Cualquier error que pueda haberse infiltrado corre plenamente a mi cuenta. Finalmente, quisiera agradecer a mi esposa Sara su paciencia durante los meses en que este proyecto me mantuvo alejado de su vida.

Este libro se publica para acompañar la serie de televisión
SuperNatural
realizada por John Downer Productions para la Unidad de Historia Natural de la BBC, Bristol,
emitida por primera vez por el Canal 1 de la BBC en 1999.
Productor de series: John Downer
Productores: Susan McMillan, Mark Brownlow y James Honeybourne

Publicado por la BBC Worldwide Ltd,
Woodlands, 80 Wood Lane, London W 12 0TT

Primera publicación 1999
© John Downer 1999
Están protegidos los derechos morales del autor.

Derechos exclusivos de la versión castellana para
España, México, Argentina, Venezuela, Colombia, Chile, Perú, Uruguay, Paraguay, Ecuador, Costa Rica
Puerto Rico, El Salvador, Panamá, República Dominicana, Guatemala y Nicaragua

© Gedisa Editorial, S.A. 1999
calle Muntaner, 460 - 08006 Barcelona, España

ISBN 84-7432-773-3

Traducción castellana y preimpresión: TsEdi, Teleservicios Editoriales, S.L.
Barcelona, tel. 93 430 65 12

Compuesto en Cosmos por BBC Wordwide
Impeso y encuadernado en Francia por la Imprimerie Pollina, S.A.
Fotocromos por Radstock Reproductions Ltd., Midsommer Norton, Inglaterra
Impresión de la sobrecubierta por Imprimerie Pollina, S.A.

CONTENIDOS

El espectacular juego de luces conocido como *aurora borealis* o luces del Norte se forma cuando partículas solares de elevada energía interactúan con moléculas de la atmósfera de la Tierra.

INTRODUCCIÓN

Muchos libros han investigado lo sobrenatural, pero éste es diferente. Se basa en los últimos descubrimientos científicos para dilucidar la verdad de los misteriosos poderes de los seres vivos. El término «sobrenatural» se aplica, por lo general, a cualquier poder que vaya más allá de las fuerzas conocidas de la naturaleza, pero lo cierto es que se está revisando todo lo que sabemos al respecto. Nuevos hallazgos dan sentido a las llamativas habilidades de plantas y animales que en otros tiempos parecían misteriosas o incluso paranormales. Aunque muchas son sorprendentes, resultan creíbles dentro de la ciencia de hoy y, para separarlas de lo puramente especulativo o sensacionalista, deberíamos definirlas tal vez como sobrenaturales.

La serie *SuperNatural* de la BBC se inspiró en la anterior *Supersense*, que utilizó un acercamiento similar para explorar el misterioso mundo de los sentidos de los animales. En los diez años transcurridos entre la emisión de ambas, la ciencia no sólo ha pulido muchos de sus descubrimientos en este ámbito, sino que ha despejado numerosas incógnitas sobre la percepción animal. *SobreNatural* nos pone al día y nos desvela muchos de los recientes hallazgos, pero nuestro propósito va bastante más allá. Los animales poseen gran variedad de poderes ocultos fuera de lo puramente sensorial, y nuestro punto de vista sobre estos fenómenos se incluye aquí.

Hubo un tiempo en que la naturaleza entera era enormemente misteriosa y muchos hechos naturales eran vistos como sobrenaturales. Los pájaros que desaparecían durante el invierno formaban parte de un rompecabezas paranormal cuya única explicación razonable, la migración hacia otras tierras, resultaba inconcebible. Un misterio similar tenía que ver con la manera en que un abrevadero se llenaba de vida, en una semana, después de haber sido llenado de agua. Sólo había una respuesta: la vida se generaba de manera espontánea. Nadie podía concebir que las esporas flotaran en el aire o que una criatura pudiera paralizar su actividad vital durante años.

Antiguamente los hechos inexplicables eran tan numerosos que envolvían a la gente como una nube negra. A medida que los crecientes descubrimientos sobre los poderes de los animales avanzaban, se explicaban muchos de los acontecimientos antes considerados sobrenaturales y esa nube empezó a desaparecer. Pero algo extraño sucedió. A pesar de que el saber aumentaba y se despejaba la neblina de la ignorancia, aún quedaban secretos todavía mucho más misteriosos por resolver.

En otro tiempo se creyó que los murciélagos eran las últimas criaturas sobrenaturales: volaban en la más absoluta oscuridad y cazaban mariposas y otros insectos al vuelo. Nadie pensó que el murciélago pudiera hacer fotografías de los ecos de sus propios gritos, que ni siquiera podían ser oídos por los seres humanos. Cuando estos datos sorprendentes fueron descubiertos, resultaron tan obvios que otros muchos misterios se resolvieron. Algunas mariposas oían el sonar de los murciélagos y reaccionaban desapareciendo en el aire; otras producían sonidos que interferían los gritos de los murciélagos. Entonces se supo que algunos murciélagos superaban estas defensas desconectando sus sonares y poniendo atención en el batir de las alas de las mariposas. Pero esto estaba todavía muy lejos de los nuevos descubrimientos: las mariposas tenían amortiguadores de sonido en los extremos de sus alas para no ser detectadas.

En otros campos de investigación, las revelaciones también fueron extraordinarias. A finales de los ochenta se descubrió que los elefantes se comunicaban por sonidos situados por debajo del registro de nuestro oído. A partir este primer hallazgo, ha ido creciendo la lista de animales que usan este secreto sistema de comunicación a larga distancia. En el ámbito visual, se ha demostrado que la luz que vemos es sólo una pequeña proporción de la longitud de onda perceptible para otros seres. También se supo que los animales están dotados de otros sentidos que los humanos no poseemos.

Estas revelaciones ampliaron nuestra visión del mundo natural, rompiendo las barreras del saber, e impidieron que el reino de lo sobrenatural creciera. Los avances científicos causaron un gran escepticismo en relación a las viejas creencias, muchas de las cuales fueron consideradas paranormales y rechazadas como supersticiones. Ahora, ese escepticismo ha resultado prematuro y muchas antiguas ideas han demostrado tener base real; por ejemplo, la influencia de la Luna en el crecimiento de las plantas.

En el pasado, la gente creía que debía sembrar en momentos determinados de acuerdo con las fases lunares, una idea que parecía ridícula a la luz de la ciencia de principios de siglo. Hacia 1950, un científico descubrió que la proporción de oxígeno que tomaban las patatas y las zanahorias guardaba una estrecha relación con la salida y el ocaso de la Luna. Otros experimentos pronto demostraron que las plantas crecen mejor si se siembran en ciertos períodos del ciclo lunar. Recientemente, otro estudio científico ha confirmado el hecho extraordinario de que los árboles crecen y se encogen en sincronía con el ritmo lunar; al parecer, en contra de las expectativas científicas, la sabiduría de la antigua cultura popular era acertada.

Puesto que la ciencia tiene dificultad con todo aquello que aparenta ser irracional, tiende a ignorar y a no observar los acontecimientos imposibles de analizar en un estudio contundente. Uno de estos desconcertantes fenómenos naturales es el de los peces que llueven del cielo. Aunque parezca sorprendente y extraño, se ha comprobado que es algo que sucede y, por lo tanto, es real.

La ciencia sigue buscando respuestas en áreas enteras del mundo natural. Después de décadas de investigación, incluso los medios que los animales utilizan para navegar y cruzar el planeta dan pie a grandes debates. Algunos de los avances más excitantes se refieren a los poderes de los animales al límite de la existencia, enterrados muchos kilómetros bajo tierra. Estos organismos, capaces de tolerar tanto el calor como la presión extremas y subsistir sólo de rocas, nos pueden dar pistas sobre las posibles características de la vida en otros planetas.

Valiéndose de los últimos descubrimientos, *SobreNatural* se sitúa en la delgada línea entre el saber científico y lo inexplicable. Dentro de lo posible, se ofrece una explicación científica de lo que podría estar sucediendo; pero a veces las causas, simplemente, no se conocen. Con el tiempo, estas ideas se perfeccionarán o se revisarán en un proceso que rompa las barreras del misterioso mundo conocido como sobrenatural.

John Downer

1

PERCEPCIÓN EXTRASENSORIAL

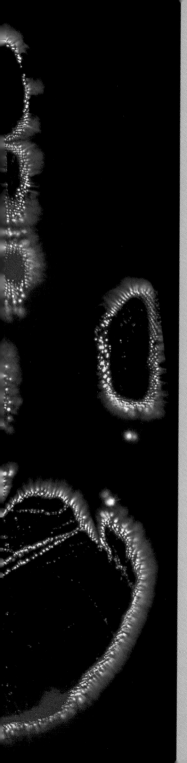

A veces vemos destellos de un mundo que está fuera de nuestro campo sensorial. Podemos notar una presencia, predecir un hecho o simplemente percibir algo que nos incomoda. En esos momentos en que nuestros sentidos se sobrecargan, nuestra capacidad de percepción llega a niveles muy altos de sensibilidad y podemos responder a la mínima señal de peligro. Cuando vivíamos entre animales salvajes, estos sentidos eran compartidos, eran la clave para sobrevivir. Nuestros órganos sensores nos enviaban una señal de alarma al subconsciente para advertirnos del peligro.

En la naturaleza, estas reacciones son el pan de cada día. Una presa potencial suele presentir a un león aun antes de verlo. Un temblor de nerviosismo agita la manada, saben que el peligro está allí...

Hoy en día nuestros sentidos no están acostumbrados a salvarnos la vida y los momentos de percepción extrasensorial son escasos. Pero los animales pasan su vida en este intenso mundo y tienen sentidos que desafían nuestra racionalidad. En los animales, la percepción extrasensorial es una realidad diaria.

Considerar el funcionamiento de nuestros sentidos y sus limitaciones parece demasiado fácil. La visión, nuestro sentido primario, se basa en el análisis del reflejo de luz que nos proporcionan los objetos. Pero la luz que percibimos es sólo una pequeña parte de las ondas electromagnéticas que nos afectan. Por debajo de la luz visible, en la frecuencia más alta del espectro, hallamos los rayos ultravioletas, luego los rayos X y, por último, los rayos cósmicos. Por encima de la luz visible, en la frecuencia más baja del espectro, hay rayos infrarrojos, microondas y ondas de radio. Aunque nuestros ojos, sin ayuda, sólo perciben una pequeña parte de esta información, otras criaturas perciben mucho más.

Nuestro oído también es limitado. Podemos detectar ondas de sonido sólo si vibran más de veinte veces o por debajo de 20.000 veces por segundo. Algunos animales perciben el sonido de las vibraciones diez veces por encima de este nivel, mientras que otros las perciben ocho veces más bajas. Todos nuestros sentidos adolecen de fuertes restricciones.

Hay criaturas que experimentan el mundo a través de sentidos que nosotros sólo podemos imaginar. Pensemos cómo sería el mundo si, por ejemplo, se nos hiciera visible la conducción de la electricidad o si el agua reflejara las ondas, y lo que ganaríamos con unos sentidos que nos ofreciesen dichas posibilidades. Aunque compartimos el mismo planeta, estas criaturas tienen una visión sobrenatural de la realidad que guarda un cierto parecido con la nuestra.

La ciencia desvela, cada vez más, el oculto mundo de los poderes sensoriales de los animales. Cada descubrimiento nos permite ver un destello de otras maneras de percibir el mundo. Lo que nos revela es la extraordinaria verdad que hay tras la percepción extrasensorial de los animales.

Auras

Los físicos sostienen que todo ser viviente tiene un aura. Estas emanaciones, que supuestamente rodean el cuerpo, responden a estados emocionales y nos dan indicaciones sobre su salud. En 1939, un científico ruso descubrió de forma accidental que se podía fotografiar lo que resultó ser un aura. Puso su mano sobre una placa fotográfica y pasó una corriente eléctrica de alto voltaje a través de la misma. Cuando reveló la película, una increíble muestra de colores, como fuegos artificiales, rodeaba la huella de la mano. Pronto se percató de que cualquier organismo vivo creaba la misma impresión fantasmal en un proceso que más tarde se conocería como la fotografía de Kirlian.

Las auras más impresionantes eran las producidas por las hojas recién cortadas de los árboles. La impresión fotográfica mostraba no sólo el perfil de la hoja sino también las partes no vivibles. Esta impresión fantasmal se utilizó para probar la existencia del espíritu sobrenatural que hay alrededor del cuerpo físico de cualquier organismo vivo.

Las investigaciones científicas cobraron aun más fuerza con los nuevos descubrimientos. El «aura» de Kirlian se explicaba por medio de descargas eléctricas que creaban efectos de ionización alrededor de objetos que quedaban grabados en la película. El espectro de la hoja parecía resultado de una contaminación de la placa fotográfica. Muchos científicos dejaron de creer en el significado del efecto Kirlian, aunque algunos abogados rusos reclamaron que se usara como un instrumento de diagnóstico útil para la medicina. Así que, dados los precedentes, ¿existe realmente el aura?

Todo ser vivo se activa con radiación electromagnética, que se extiende más allá de su cuerpo configurando el aura. Por lo limitado de nuestros sentidos, no podemos detectar muchas de estas emanaciones, pero algunos seres son muy sensibles a ellas.

Como todas las criaturas de sangre caliente, los humanos resplandecemos como una bombilla bajo los rayos electromagnéticos que conocemos como calor. Podemos ver esta aura de calor sólo a través de cámaras termográficas que muestran las variaciones de la temperatura corporal en diferentes colores: los carrillos enrojecidos, la nariz helada y los lóbulos de las orejas anaranjados y el pelo y las uñas de color azul.

Las cámaras termográficas son tan sensibles que se usan para detectar las altas temperaturas causadas por la artritis y por los tumores. Su uso en la medicina moderna tiene una conexión intrigante. Tradicionalmente han sido las serpientes las criaturas que más se han asociado a la profesión médica: de un ser que podía matar fácilmente se creía que poseía también poderes para dar la vida; además, su habilidad para renacer, gracias a sus mudas de piel, confirmaba su capacidad de rejuvenecerse. El dios griego de la medicina, Asclepio, siempre tenía serpientes alrededor y se creía que era capaz de transformarse en una serpiente con sólo desearlo. Aún hoy en día, en el emblema de la profesión médica, aparecen dos serpientes enlazadas. Y hoy sabemos que algunas serpientes tienen poderes que superan las mejores cámaras termográficas.

El sistema de imágenes de calor de varias serpientes no es el utilizado para el diagnóstico pero, como las cámaras de un hospital, analiza cuerpos vivos. Las serpientes han desarrollado dos técnicas termográficas diferentes para atrapar a sus presas: el par de lunares de las víboras (situados a los lados de la cabeza, trás las ventanas de la nariz) como las de la serpiente cascabel o la africana, que tienen un alto grado de sensibilidad al calor, y la técnica de los boidos, grupo que incluye la boa constrictor, la pitón y la anaconda, que tienen hasta más de trece. Cada lunar actúa como un ojo, pero uno de ellos focaliza el calor en lugar de la luz. En vez de en la retina, la imagen cae en una parrilla de 7.000 terminaciones nerviosas que son tan sensibles que pueden detectar un cambio

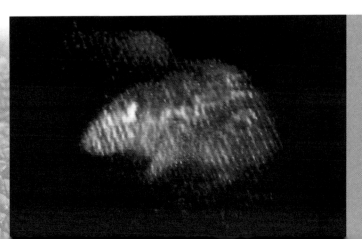

Anterior Los dos órganos con forma de lunar bajo los ojos de esta serpiente de cascabel captan una imagen del calor de su presa y guían su ataque.

Izquierda Fotografía con rayos infrarrojos de una rata, muestra como la ve la serpiente.

Abajo Las auras más impresionantes creadas por las fotografías de Kirlian fueron de hojas recién cortadas. La imagen fotográfica mostraba no sólo el perfil de la hoja sino también las partes no visibles.

Opuesta Al igual que los órganos en forma de lunar de las serpientes, la cámara termográfica es sensible a las pequeñas variaciones de temperatura de la superficie de la piel. Los médicos la usan para detectar enfermedades y anomalías como la artritis y los tumores.

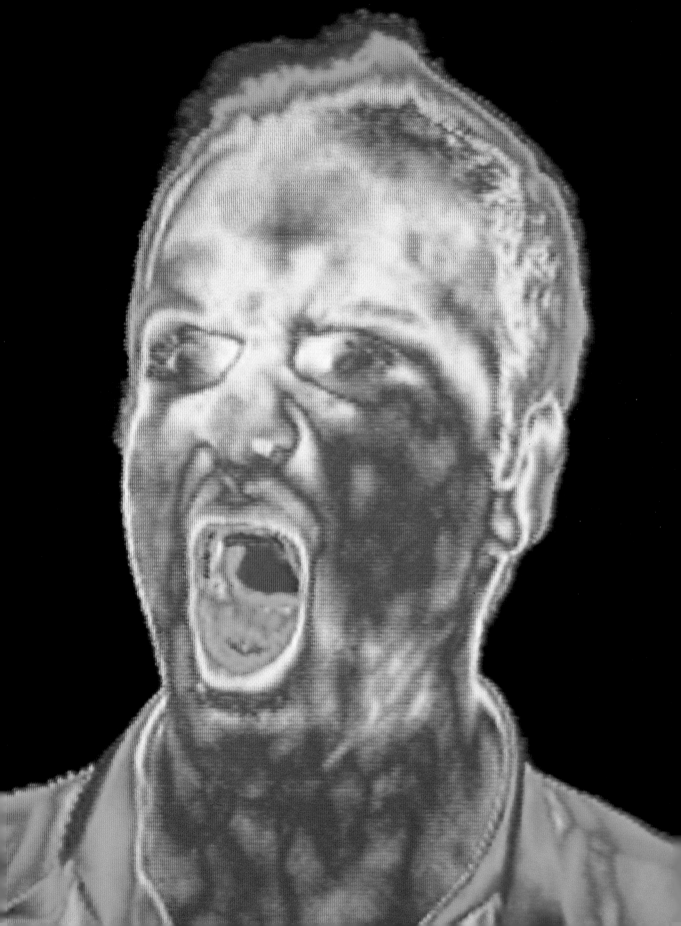

de tan sólo 0,003°C. Los lunares reaccionan más rápido que una cámara termográfica y registran un cambio de temperatura a razón de 35.000 veces por segundo.

Los órganos carecen de la resolución de una visión normal, pero llegan a discernir con facilidad el aura de su presa en la más absoluta oscuridad. Incluso, pueden ver los rastros espectrales que deja el calor de las huellas de aquélla. Cuando encuentran a su presa, unos sensores bucales adicionales les guían para realizar el ataque fatal.

Otros depredadores, como el vampiro, también han descubierto la capacidad de percibir el calor de los cuerpos. El vampiro, al igual que la serpiente pitón, tiene poderes sobrenaturales. Por raro que parezca, el área de piel alrededor de su nariz le guía hacia el calor de la sangre de sus víctimas. Su nariz está cubierta por un tejido que la aísla del calor de su propio cuerpo y la mantiene a una temperatura 9°C más baja. Es muy sensible a otras fuentes de calor, en especial a las que son desprendidas por la sangre de los tejidos de sus presas; así, cuando el vampiro está cerca de su víctima, la piel de su nariz le conduce hacia las partes más nutritivas de la misma.

El área de piel que envuelve la nariz del murciélago vampiro es un órgano sensor que percibe el calor que desprende la sangre de su presa y guía al vampiro en su ataque mortal.

Todo es eléctrico

Los procesos vitales dan lugar a otros tipos de auras que no dependen del calor. Las más universales son las creadas por la electricidad. Como organismos vivos, nos impulsamos por electricidad: cada pensamiento, cada acción muscular, crea una tormenta eléctrica de pequeñas corrientes. Para un ser terrestre es difícil detectar un aura eléctrica porque el aire actúa como aislante y evita que nuestras descargas nerviosas lleguen al exterior. Pero en el agua es distinto: la electricidad sale del cuerpo por conductos naturales, dispersando una red de señales. Por ello, los seres que perciben la electricidad son acuáticos y, entre ellos, están los depredadores más feroces del océano.

Tiburones y rayas son maestros en detectar la electricidad de los cuerpos. Para localizar presas, utilizan tubos llenos de gelatina, llamados vasos de Lorenzini. Estos sensores mortales se encuentran alrededor de la cabeza del tiburón y en los conductos que recorren su cuerpo. Son tan receptivos que detectan descargas tan bajas como la billonésima parte de un voltio, lo que equivale a percibir el voltaje que fluye entre dos terminales con baterías de un voltio y medio separadas entre sí por 3.000 km en el mar. Entonces, ¿qué sucede si perciben la electricidad de un cuerpo humano?

Al nadar, nuestra piel actúa como un gran adhesivo, evitando que la mayoría de nuestra aura eléctrica llegue al agua. Pero, por donde no hay piel, la electricdad fluye desde todos los orificios, creando campos de 1/10.000.000 a 1/100.000.000 de un voltio. Por suerte, esta electricidad se diluye tan rápido que incluso el hipersensible tiburón tiene que estar a menos de un metro para detectar estos campos. Pero al llorar, el contacto de las lágrimas con la capa aislante de la piel permite que la electricidad llegue al agua, guiando a un tiburón desde tres metros de distancia. Los electrosensores de los tiburones no sólo les ayudan a encontrar alimento, sino que también les guían en el ataque definitivo, cuando la boca del tiburón se abre y obstruye su visión.

Los tiburones tienen un gran abanico de sentidos, como el agudo sentido del olfato y una enorme percepción de las señales visuales y sonoras. Afortunadamente para nosotros, también son unos sibaritas y, como los seres humanos no somos su plato preferido, cuando figuramos en el menú, suele ser a causa de un error.

Las rayas utilizan su sensor eléctrico para encontrar el alimento escondido bajo la arena e, igual que sus presas, también usan ese sistema para ocultarse. Por otro lado, los machos se valen de su sensor eléctrico para distinguir las auras eléctricas de hembras escondidas y desarrollan su habilidad para abordar a la compañera apropiada.

Tiburones, rayas y quimeras pertenecen al longevo grupo de los peces cartilaginosos (sin osamenta) conocidos como elasmobranquios. La antigüedad de estas especies indica que el sensor eléctrico existe desde hace mucho tiempo. Al menos, tanto como nos ha revelado otro tipo de pez: el prehistórico celacanto, poseedor de electrorreceptores, que existió hace 500 millones de años y fue redescubierto en el

Izquierda Nuestra piel actúa como aislante y evita que la mayoría de la electricidad que emite nuestro cuerpo vaya al agua. Aun así, el resto de electricidad nos rodea como un aura.

Opuesta Los tiburones pueden detectar esta electricidad cuando están muy cerca. Pero si un corte nos deja al descubierto, la electricidad que fluye puede ser percibida por un tiburón que esté a tres metros.

año 1938 por un pescador de chalupa en Sudáfrica. Cuantos más descubrimientos se hacen, más claro parece que la electricidad, en forma de electrosensores útiles para detectar presas, ha sido adoptada por otros cazadores acuáticos.

Dos grupos de peces de agua dulce también usan la electrosensibilidad, así como los renacuajos de muchos anfibios. Y, recientemente, se han descubierto pelos electrosensitivos en la cutícula del cangrejo de río. Incluso existe un mamífero con estos poderes: el ástaco australiano. Es similar al pato y puede detectar voltajes muy bajos, incluso de 500 millonésimas de voltio. Caza camarones de agua dulce escondidos en las aguas más lóbregas: cuando el camarón mueve su cola para escapar, envía una señal de «ven y cógeme» de una milésima de voltio a un metro por debajo del agua.

Los campos de fuerza eléctrica

Los procesos vitales del cuerpo humano crean auras eléctricas débiles; pero imaginemos un ser que no sólo genere un aura de alto voltaje, sino que también la use para percibir el mundo. Puede parecer que esto supera lo paranormal pero, aunque resulte increíble, esa criatura existe.

De hecho, dos grupos de peces de agua dulce han desarrollado, por separado, estas extrañas habilidades. Son los mormiformes de África y los gimnótidos de Sudamérica.

Estos peces crean campos eléctricos al usar generadores, derivados de los músculos en movimientos o de las células nerviosas, instalados como baterías en su cuerpo. Al descargar, irradian un campo de fuerza eléctrica de uno a diez voltios de la cabeza a la cola. Si el pez nada, este campo se expande en círculos por la conductividad eléctrica del medio. El pez guía estas fluctuaciones mediante miles de sensores especiales que tiene por el cuerpo y usa la información para configurar una imagen eléctrica.

Lo que percibe un pez eléctrico depende de que su entorno permita que fluya la corriente. Las rocas pueden aparecer como formas oscuras, puesto que sus propiedades aislantes actúan como una barrera protectora frente al campo de fuerza eléctrica. Las plantas, con su gran conductividad, sucumben al campo y brillan más, mientras que los objetos metálicos resplandecen como una bombilla.

Esta capacidad de visión tan extraordinaria tiene otra característica peculiar. La fuerza del campo no es continua sino que fluye a intervalos, creando fogonazos espontáneos que captan el mundo como el flash de un fotógrafo. Además, al aumentar la

La anguila eléctrica crea un campo de fuerza a su alrededor y percibe detectando modificaciones en dicho campo.

frecuencia del pulso, el pez ve una creciente y rápida muestra de vistas.

El pez eléctrico africano capta el mundo cada 20 segundos, de forma que experimenta interrupciones casi todo el tiempo. En cambio, la especie sudamericana ilumina su campo 50 veces por segundo, creando un cuadro casi continuo.

Esta electricidad también es útil para cazar. El pez fantasma cuchillo, originario del Amazonas, usa su campo eléctrico para encontrar plancton. Nada al revés, con la cola delante, y rastrea a su presa como si leyera un código de barras hasta que su boca está a una distancia prudencial.

Los sistemas eléctricos como éste, sólo funcionan en un radio corto: se pierden en una neblina de ruido eléctrico a poco más de un metro de distancia.

Los rayos de la muerte

Algunos peces adoptan la generación de electricidad de forma que obtienen resultados sorprendentes. La raya torpedo genera dos kilovatios de fuerza cada 220 voltios y los utiliza tanto para defenderse de sus depredadores como para atacar a sus presas. Esto equivale a la descarga momentánea de un calefactor eléctrico de dos barras. El resultado es que la víctima queda inmovilizada y sufre espasmos. La anguila eléctrica de Sudamérica es otro ejemplo aterrador: los 800 voltios de electricidad que puede descargar son suficientes para matar a un caballo.

Otros animales, como la anguila eléctrica, también usan la electricidad. Nuestros pensamientos van acompañados de descargas eléctricas, como los impulsos nerviosos de animales. Pero, ¿las plantas también reaccionan? Hay pruebas de que así es.

Las plantas sensibles

Si pudiéramos acelerar el tiempo y ver cómo crecen las clemátidas de nuestro jardín, resultaría emocionante observar la forma en que se espigan sus puntas en busca de ayuda, enrollándose y explorando. Cuando los zarcillos rozan algo, envían unas señales eléctricas igual que los impulsos nerviosos de un animal. El resultado inmediato es un cambio en el plan de crecimiento del zarcillo, que causa aperturas y contracciones, asegurando la planta. Pero como las plantas viven en un tiempo distinto del nuestro, desgraciadamente sabemos muy poco de lo sensibles que son.

Al cortar el césped, la hierba grita, no de viva voz, pero sí con electricidad. Separando sus puntas, muestran su aflicción enviando señales eléctricas a la base del tallo.

Como las plantas carecen de células nerviosas especializadas como las de los anima-les, el mensaje es mucho más lento pero, aunque vaya despacio, la electricidad fluye entre sus células y la planta reacciona. La base del tallo responde como si unos anima-les se la estuvieran comiendo: primero generando veneno y, luego, con un nuevo bro-te. De esta manera, muy pronto se tendrá que volver a pasar la cortadora de césped.

Si pasáramos una hoz por una explanada de punzantes ortigas, la reacción todavía sería más exagerada. Pronto volverían a brotar los tallos segados, pero esta vez las púas serían más fuertes, numerosas y dañinas. Renacerían para vengarse.

Ya que las plantas son tan sensibles, ¿realmente podemos afectar a su crecimiento sólo hablándoles y acariciándolas? Es muy posible. Cada una de las veces que acari-ciamos una planta, los canales de sus células sensibles, al encogerse, envían una señal eléctrica para crear materiales constructivos como la celulosa y la lignina. Al cabo de quince o veinte minutos después de la primera caricia, sus hormonas de etileno se fil-tran por sus poros y salen de la planta, estimulando sus células de crecimiento.

Las plantas de interior son tan sensibles a las caricias porque las encerramos, las alejamos de sus condiciones naturales y las privamos de su estimulación diaria en el campo. Al estar protegidas del viento, son sensibles en extremo a cualquier atención que nosotros les prestemos. Nuestras caricias son un buen sustituto de la estimulación natural y, como resultado, obtendremos una planta más fuerte y más sana.

La elevada sensibilidad de estas plantas tiene que ver con la estimulación pro-ducida por las vibraciones de los sonidos agudos. Las altas frecuencias, como las de una conversación entre los seres humanos, parece ser que estimulan su crecimiento y su fortaleza. La música produce el mismo efecto positivo, aunque sólo cierto tipo de música. Tienen gustos muy refinados y responden muy bien a la música clásica, sobre todo al piano, pero no a las notas bajas del heavy metal o del rap. Estas malas vibra-ciones parece que inhiben la fotosíntesis (el proceso mediante el cual las plantas fa-brican su alimento) y cierran los poros de la planta, como si hubiera estado expuesta a fuertes ventoleras. La exposición prolongada a músicas de alto volumen todavía es más perjudicial: los tallos se espesan y, en casos extremos, se caen las hojas. ¡El peor sitio para una planta es el cuarto de un adolescente!

Para las plantas, hablarles es incluso mejor que escuchar música: nuestro aliento es su alimento. Una planta necesita dióxido de carbono para la fotosíntesis y, como evolucionaron en una era en la que los niveles de dióxido carbónico eran mucho más altos que hoy en día, ahora están en apuros. Si hablamos con las plantas podemos incrementar hasta 200 veces las concentraciones de este gas. Si encendemos el gas, hacemos fuego con carbón, estamos con amigos o tenemos un animal doméstico en casa, aumentaremos ese efecto, ya que, entonces, los niveles de dióxido de carbono se incrementarán hasta 1.000 veces. Esto a las plantas les encanta.

Plantas que hablan

Aunque las plantas se benefician si les hablamos, seguro que no nos entienden. Pero algunas plantas hacen algo casi sobrenatural: se comunican con sus vecinas.

En África, cuando las jirafas u otros herbívoros comen de las acacias, las hojas mordisqueadas envían una señal química de socorro al resto del árbol. En media hora se duplican las taninas, de sabor agrio, concentradas en las hojas; así, el animal tiene que irse para evitar envenenarse. Pero gracias a la comunicación entre las plantas, las acacias vecinas también están fuera de su alcance. Sus hojas han recibido el mensaje

de peligro a través del viento y también han aumentado sus concentraciones de taninas hasta llegar a niveles tóxicos.

Para hacer frente a las defensas de las plantas, el antílope y otros herbívoros se alimentan de ellas por un breve período de tiempo, antes de buscar nuevos pastos. El valor de este inconveniente se probó al encerrar a un rebaño de kudus en una cerca con una acacia como único alimento. Todos los antílopes murieron misteriosamente. La autopsia reveló que sus hígados se envenenaron por sobredosis: las hojas que habían ingerido a la fuerza mostraron concentraciones tóxicas tres veces más altas de lo normal.

Aunque esta comunicación entre plantas parezca insólita, hoy en día sabemos que existen algunas plantas todavía más extraordinarias, como las que envían sus muestras de aflicción a los insectos.

Las judías de nuestro jardín pueden parecer indefensas ante una invasión de pulgones, pero tienen una solución increíble. Producen una señal química de socorro que se transmite por el aire hasta reunir una fuerza defensiva formada por enemigos de los pulgones: escuadrones de avispas parasitarias que descienden para poner sus huevos en los cuerpos de aquéllos. Una vez incubados los huevos, las larvas consumen a sus anfitriones, los pulgones, todavía vivos.

Otras plantas, incluyendo el algodón y el maíz, han descubierto los beneficios de este sistema que convoca a los escuadrones aéreos de la muerte. Los maizales son tan sofisticados en la identificación de sus adversarios que distinguen a las orugas que las acechan por su edad. Envían una llamada de emergencia a los parásitos sólo cuando son atacados por orugas jóvenes, ya que todavía les queda mucho tiempo de vida para dañarlas.

Opuesta Las acacias atacadas por los herbívoros, como las jirafas, envían una señal química de socorro. Al recibir los árboles vecinos la señal a través del viento, reaccionan aumentando las toxinas de sus hojas.

Esta maravilla arquitectónica de cinco metros de altura ha sido realizada por las termitas. Mensajes químicos secretos de la larva reina y de la saliva de las trabajadoras controlan la construcción en equipo.

El sentido del olfato

Como nuestro olfato es muy precario, sólo percibimos poco de estas señales químicas y de estos olores. Pero para otras formas de vida tiene mucha importancia.

Nuestra membrana nasal cubre un radio de 4 cm²; la de un perro debe cubrir alrededor de 150 cm². Este contraste es la clave para entender la cantidad de información que nos pasa desapercibida. Muchos animales muestran unos niveles de percepción del mundo químico y olfativo que nos parecen inauditos.

Un sabueso tiene un olfato un millón de veces más sensible que el humano. Un tiburón puede oler un litro de sangre disuelto en un billón de litros de agua. Las mariposas emperadoras macho detectan el seductor olor que desprenden las hembras a cinco kilómetros de distancia. Los osos polares pueden oler una colonia de focas a treinta kilómetros. Todas estas proezas tienen lugar en un mundo oculto. El aire que nos rodea está lleno de mensajes químicos cifrados de otras criaturas. Para muchos animales que viven en comunidad, los olores prácticamente controlan sus vidas.

La descomunal organización de una colonia de termitas supone la comunicación telepática. ¿Cómo, si no, puede un millar de ellas trabajar en equipo para construir las maravillas arquitectónicas de sus hogares, una chimenea de carbón y un sistema de aire acondicionado increíblemente sofisticados y refinados? Ahora sabemos que lo consiguen mediante mensajes olfativos. En el centro de mando del nido se encuentra una larva reina enorme, cuyo olor impregna la colonia entera. Su fragancia dicta las dimensiones exactas de la habitación que las trabajadoras construyen a su alrededor. Sus mensajes olfativos también estimulan a las trabajadoras para que la atiendan y la alimenten y evita que éstas produzcan ovarios. Cuando las trabajadoras construyen la colonia, usando millones de diminutos pedazos de barro y saliva, desprenden un olor que guía al resto de trabajadoras en su plan de construcción.

Las abejas y las hormigas utilizan el olfato de un modo sobrenatural para controlar la complejidad de sus construcciones y cimentar sus colonias. Una vez se creyó que este sistema olfativo era utilizado exclusivamente para la preservación por los insectos sociales, pero recientemente se ha descubierto que mamíferos subterráneos conocidos, como el topo, organizan su vida de modo similar.

La visión de las abejas

Así como hay animales con un increíble sentido del olfato, otros ven de un modo muy distinto al nuestro. Vemos colores porque los conos sensibles a la luz de nuestros ojos responden a las ondas de longitud del rojo, el verde y el azul. Las abejas también tienen receptores para captar tres colores y obtener plena visión, pero ven el mundo de otra forma. Uno de sus receptores es sensible a los rayos ultravioletas (UVA) —onda que nosotros no podemos ver— y, por el contrario, no ven el rojo;

para ellas es negro. Así, toda su visión tiende a concentrarse en los rayos ultravioleta, lo que les confiere una percepción completamente diferente del color. Si percibiéramos el mundo como las abejas, veríamos la luz aterradora de los rayos UVA y percibiríamos el color lila, tan familiar para nosotros, mezclado con la luz ultravioleta y el amarillo, conocido como el lila de las abejas. Muchos de estos colores son formas invisibles. Las flores se revelarían extrañas y el cielo desprendería figuras concéntricas. Los seres humanos no podemos ver las ondas ultravioletas que hacen visibles todas estas señales, pero muchas criaturas pueden vislumbrar este mundo oculto.

Los rayos mortales

Algunos rayos ultravioletas son perjudiciales para nuestra salud. Las ondas de longitud más corta pueden destruir el código genético de nuestras células y generar cáncer. Como defensa, nuestra piel produce una pantalla protectora a base de un pigmento llamado melanina, que funciona como un bloqueador solar, e incrementamos esta protección natural utilizando protectores solares. Las gafas de sol nos previenen de estos rayos tan peligrosos para que no hieran nuestra sensible retina, aunque en realidad son sólo un suplemento de las lentes y de la córnea, que actúan como filtros bloqueadores de los rayos UVA.

Muchas criaturas pueden hacer frente a los dañinos efectos de los rayos ultravioleta de una manera asombrosa. Incluso utilizan como fuentes de iluminación las ondas de longitud menos perjudiciales.

Así como muchos insectos ven en ultravioleta, las flores utilizan marcas secretas en este color para atraer a insectos polinizadores. Las decoraciones florales, invisibles a nuestros ojos, guían a insectos, como las mariposas y las abejas, al néctar y al polen del centro de la flor.

Se ha demostrado que otras criaturas pueden ver esta escalofriante luz. Por ejemplo las galeras, los cangrejos cacerolas, muchos anfibios y reptiles, así como los pulpos y los calamares. De los recientes descubrimientos, el más sorprendente es el de la sensibilidad de los peces corales que resplandecen con colores apenas imaginables. Otro, no menos insólito, es la forma en que los pájaros usan la luz ultravioleta.

El plumaje de muchos pájaros reluce con ocultas señales ultravioleta. Incluso pájaros tan familiares como los estorninos usan el ultravioleta para crear efectos de luz en el diseño de su plumaje. Los más exóticos, como los loros, los casuarios y los fringílidos tienen plumajes con diseños ultravioletas. Estas señales son tan importantes que cuando de forma experimental los machos de cuello azul utilizaron los rayos ultravioleta en la mayor parte de su plumaje, inmediatamente perdían su atractivo para el sexo opuesto, aunque los colores visibles no estuvieran afectados. Los pájaros más viejos reflectan más los rayos ultravioletas y son los que tienen más éxito en su cortejo.

Izquierda Detalle de una pluma de pavo real. Para las criaturas que ven la luz ultravioleta, la muestra del pavo real aún debe ser más espectacular que para nosotros. Muchos pájaros seleccionan a su pareja con estas señales.

Arriba Un cernícalo vulgar que planea en el aire ve el rastro de la orina de su presa (izquierda) porque la mancha absorbe los rayos ultravioleta; probablemente los trazos amarillos le ayudan a decidir dónde cazar.

Para detectar los rayos UVA, los pájaros tiene un cono extra de color en su ojo. Además, ven la misma gama de colores que nosotros, lo que les permite tener una impresión más intensa del mundo. Si tuviéramos los ojos de los pájaros, los colores no sólo nos parecerían más saturados o intensos, sino que también cambiarían dependiendo de cómo absorbieran o reflejaran la luz ultravioleta. En el caso de que algunas partes de nuestro cuerpo reflejaran esta luz, empezaríamos a ver diferente. Nuestro pelo resplandecería de un modo escalofriante y nuestras uñas estarían pintadas con un barniz iridiscente. Y si nos aplicáramos un protector solar bajo para protegernos de los rayos ultravioleta, pareceríamos embadurnados de una crema amarilla.

Además de hacernos aparecer con colores extraños y ver el plumaje de los pájaros de una forma espectacular, las características únicas de la luz ultravioleta ayudan a los pájaros a encontrar alimento. Las semillas, los frutos y las bayas reflejan la luz ultravioleta. Así, en la oscuridad del interior de un seto, las moras y otros frutos brillan como faros para los pájaros hambrientos. Las cutículas enceradas de los insectos también relucen con los ultravioletas, atrayendo a los comedores de insectos como los petirrojos y los reyezuelos. También las orugas, ocultas a los ojos humanos entre las hojas, se vuelven luminosas y visibles para los petiazules y otros depredadores.

Incluso las aves de presa se pueden beneficiar de esta fantástica luz. Las ratas de campo dejan marcados sus recorridos por medio del olor que desprende su orina. Aunque sus intrincados caminos secretos suelen ser invisibles, al absorber la luz ultravioleta se hacen visibles para los pájaros. Un cernícalo vulgar, por ejemplo, puede seguir los movimientos de una rata de campo y cazar allí donde la actividad sea mayor.

Guiados por la luz

Como no la podemos ver y es perjudicial para nosotros, nos parece increíble lo vital y natural que es la luz ultravioleta. Incluso se usa como guía para la navegación. Cuando la luz solar desparece a nuestra vista, las ondas de luz vibran en todas las direcciones posibles, pero cuando estos rayos caóticos colisionan con la atmósfera, algo extaño sucede: se organizan y todas vibran en la misma dirección. La luz polarizada es invisible para nosotros, pero forma en el cielo círculos concéntricos que muchos animales utilizan para navegar. Estas marcas indican la posición del sol, aunque esté oculto tras una nube. Las abejas, las hormigas del desierto y otros muchos insectos son conocidos por saber leer el cielo como si fuera un mapa, y ahora sabemos que, al parecer, los pájaros también lo hacen. Las ondas de longitud corta, como las ultravioleta, son las que se polarizan con más facilidad, lo que da una gran ventaja a los navegantes. En el océano, este mapa del cielo resulta visible, gracias a los rayos ultravioleta, a una profundidad de 600 metros, y aquellos peces que pueden ver la luz ultravioleta la tienen en cuenta en sus migraciones.

Visión en infrarrojos

Además de ver la luz ultravioleta, algunos peces ven en infrarrojos, una onda de longitud por encima de los límites de nuestro espectro visual. Aunque no la vemos, la usamos para controlar la tecnología más avanzada. Sin embargo, un pececillo en nuestro salón ve desde su pecera los haces de nuestro mando a distancia al cambiar los canales de televisión. Incluso dentro de una caja de seguridad, este pececillo vería las luces de seguridad, invisibles para nosotros, que emplea la cámara de vigilancia.

Esta capacidad de ver con luz infrarroja la desarrollaron en las balsas de agua turbia, el hogar de estos peces de colores. Las aguas negras de los deshechos orgánicos absorben casi toda la luz a excepción de los infrarrojos. Aunque estas aguas nos parezcan impenetrables, para algunos peces la luz infrarroja pasa como un chorro de luz.

Los maestros de la visión infrarroja son las pirañas. Depredadoras de Sudamérica de dientes afilados, emplean su visión ultrarroja para elegir sus víctimas en las espesas aguas del Amazonas y despellejarlas en cuestión de minutos.

La piraña puede ver los rayos infrarrojos, invisibles a los ojos humanos. Esto les permite ver a sus presas en las oscuras aguas del Amazonas.

El sentido de las ondas

Los peces, además de un sistema visual diferente al de otros seres, tienen otro sentido considerado como uno de los más raros dentro del mundo animal.

Para nosotros, el agua es el medio más extraño, y allí están precisamente los sistemas sensores más raros. Si entráramos en el mundo acuático, percibiríamos el entorno sólo mediante los reflejos de las ondas. Esta forma de crear imágenes, tan ajena a nosotros, es la de algunos animales acuáticos, pero son los peces quienes lo han perfeccionado. Utilizan sensores consistentes en pelos sensibles situados en los bastoncillos gelatinosos de las retinas, que sirven para detectar el movimiento del agua. De estas líneas laterales de caracter sensitivo hay dos modelos. Las versiones más primitivas son órganos a la vista, distribuidos por el cuerpo; las más refinadas están recubiertas por canales protectores, conocidos como líneas laterales, y perciben el mundo exterior a través de poros. La línea lateral cruza el cuerpo del pez y capta imágenes del medio en que se encuentra de una manera increíble.

Cuando el pez nada, el agua que fluye a su alrededor crea una estela continua, como la de un barco. A su alrededor, los objetos reflejan su estela y, al igual que las olas rompen en la costa, las ondas regresan a su cuerpo en diferentes momentos. La línea la-

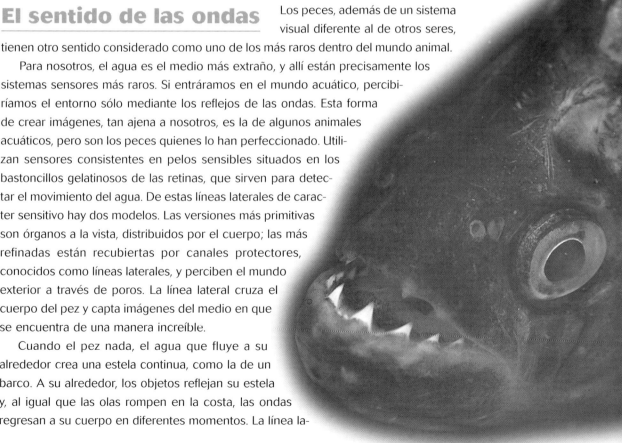

Como la mayoría de los peces, el pez siamés utiliza el sentido de las ondas para percibir el mundo. Ante un peligro, el macho mueve sus aletas para enviar una onda de alerta a sus crías, que inmediatamente se esconden en su boca.

teral analiza las diferencias de los distintos tiempos y, a partir de esta información, el pez crea una imagen de lo que le rodea, basándose en el reflejo de la estela. Así, gana mayor resolución simplemente nadando más rápido y creando más ondas.

El sistema puede describirse con detalle. Los peces ciegos de las cuevas mejicanas dependen por completo de su línea lateral para imaginar su entorno en la oscuridad de la cueva; perciben, incluso, objetos más pequeños que la cabeza de un alfiler.

La sincronización mágica de estos peces se explica por sus líneas laterales, que perciben los movimientos de sus vecinos. En general, todos los peces son capaces de arremolinarse por simpatía.

Seguir la corriente

Unas 25.000 especies diferentes de peces tienen alguna variante de este sistema de línea lateral y lo usan para muchos propósitos, además de para percibir su entorno. Los bancos de peces utilizan su línea lateral para controlar y coordinar los movimientos de sus vecinos. Gracias a este sistema, las truchas mantienen sus posiciones en los ríos de corrientes rápidas al detectar cómo los guijarros distorsionan la corriente del agua.

Incluso las líneas laterales más simples tienen poderes extraordinarios. El foxino común de agua dulce avanza hacia los insectos de la superficie del agua utilizando un séquito de líneas laterales situadas en la cabeza. El pez siamés ha desarrollado un sistema de alarmas por ondas. En estas especies es el macho quien atiende a sus crías, que pueden ser incluso 150. Cuando el peligro amenaza, mueve las aletas de su pectoral y avisa así a sus pequeños mediante las ondas. Éstos nadan hacia él, quien, para cumplir su misión protectora, los aspira hacia el interior de su boca. Una vez ha pasado el peligro, los devuelve al agua sanos y salvos.

En el medio acuático, el sentido mediante las ondas está tan utilizado que otros organismos acuáticos han desarrollado sus propias versiones. Los renacuajos de muchos anfibios perciben el mundo a través de sus sensores primitivos de agua, mientras que el pulpo y el calamar tienen un sistema similar en todos sus tentáculos.

Vientos de cambio

Así como algunas criaturas acuáticas conocen su mundo por el movimiento del agua, las que viven en el aire y en la tierra necesitan percibir los movimientos del aire.

Los pájaros siguen las corrientes de aire utilizando unas plumas que se llaman filoplumas. Estas plumas pilosas están adosadas al contorno de sus plumas principales, es decir, aquellas que en las alas y la cola tienen un mayor tamaño y controlan sus movimientos. Además de informarles sobre las corrientes de aire, les indican si su plumaje necesita limpiarse, aspecto básico para mantenerse sanos y fuertes.

Las patas de la araña tienen unos pelos especializados en percibir la más ligera brisa. Los escorpiones tienen un sistema parecido en sus patas y pinzas con los llamados pelos de tricobotria. Una suave brisa de 0,072 km/h puede mecer estos pelos, así como captar el movimiento de las alas de los insectos voladores avisándoles de su acercamiento. Las cucarachas tienen pelos sensores en dos órganos, similares a los dedos, que se proyectan en la parte trasera de su cuerpo. Son tan sensibles que detectan los pasos de otra cucaracha. La fuerza huracanada de las señales enviadas por nuestras pisadas les permite estar alerta cuando entramos en una habitación.

Igual que los escorpiones, las tarántulas y otras arañas también tienen órganos sensores de las vibraciones del suelo. Membranas como las del tambor sobre las hendiduras de las cutículas del animal sienten los temblores creados por los movimientos de sus presas. En buenas condiciones, perciben a su presa a diez metros de distancia.

Los pasos de los elefantes

Los elefantes no sólo captan vibraciones, pues se ha descubierto que gracias a su gran tamaño las perciben a enormes distancias.

La tradición ha dotado a los elefantes de la habilidad sobrenatural de comunicarse entre ellos a muchos kilómetros de distancia en campo abierto. Las anécdotas sugieren que el elefante conoce la amenaza del peligro muy lejos de donde éste se encuentra. Muchas de estas historias derivan de situaciones observadas, como el hecho de que, en el mismo instante de haber sido asesinada una manada, otra mostraba su aflicción, aunque se hallaban a mucha distancia. Estos datos se han tratado con escepticismo, pero descubrimientos recientes parecen darnos una explicación intrigante.

Cuando los elefantes se sienten amenazados golpean el suelo como si descargaran su peso. El suelo tiembla, literalmente, bajo sus pies, formando un enorme estruendo. Pero parece que más que una mera intimidación, los elefantes también están mandando un mensaje en forma de temblor que puede sentirse a 50 km.

Esto es posible porque el suelo transmite las vibraciones con más eficacia que el aire. Otro elefante podría sintonizar estas distantes señales de alarma, de la misma manera que podemos oír el ruido de un tren lejano al apoyar nuestra oreja sobre la

vía. Pero en lugar de inclinarse sobre el suelo, el elefante utiliza sus gigantes pies como detectores de vibraciones. El temblor se transmite desde sus patas delanteras hasta los oídos. Como cada pierna recibe la vibración con muy poco tiempo de diferencia, un elefante podría usar la información para ir en dirección opuesta al problema.

Antes de que esto fuera descubierto, se halló otro sistema de comunicación secreto de los elefantes: el infrasonido.

Una llamada de larga distancia

El sonido de baja frecuencia penetra más que el de alta frecuencia. Por ello, el bajo del estéreo de nuestro vecino nos molesta aunque el volumen no esté alto. El sonido registrado por debajo de nuestros límites auditivos llega mucho más lejos. Estas ondas tan penetrantes, por debajo de los veinte ciclos por segundo (20 hertzios o Hz), se conocen como infrasonidos.

Los elefantes crean y oyen estos sonidos secretos. Usan sus frentes como grandes tablas de sonido para transmitir ruidos infrasónicos a grandes distancias. Un elefante puede fisgonear algo que sucede a 4 km, cubriendo un área de 50 km^2 aproximadamente. Al anochecer, debido a los cambios de las propiedades acústicas del aire, la escala se dispara y permite al elefante extender su red social a 300 km^2. Así, las manadas distantes pueden reunirse y los machos reencontrar a sus hembras.

El hecho de que los elefantes se comuniquen por infrasonidos fue un hallazgo extraordinario. Desde entonces se ha descubierto un número sorprendente de animales que tienen la misma habilidad.

El retumbar del bramido de los hipopótamos se oye hasta una distancia de 15 metros. Se acaba de descubrir que este murmullo infrasónico, tan audible como el que precede a un terremoto, viaja 30 km por el agua. Una enorme laringe produce esta profunda voz de barítono, que sale al aire por las aletas de su nariz o bien se transmite al agua a través del tejido acuoso de su garganta. Los hipopótamos oyen, a través de sus oídos externos, los sonidos que ellos mismos transmiten por el agua, y el sonido pasa al oído interno por las mandíbulas. Como el sonido viaja más rápido por el agua que por el aire, los hipopótamos utilizan los tiempos entre las transmisiones por el agua como medio para medir las distancias entre ellos.

Al enfadarse, el rinoceronte lanza un rugido prehistórico que imaginamos propio de los dinosaurios. Estos sonidos resonantes tienen componentes infrasónicos. Si el peligro acecha, las madres utilizan estos rugidos de alarma para llamar a sus crías.

El okapi, un pariente de la jirafa, es un animal extraño y cornudo que habita en los bosques. Es otro de los poseedores de este poder, que en su caso abarca las frecuencias entre 7 y 25 hertzios. En los densos arbustos los infrasonidos ayudan a los okapi a mantenerse en contacto con otros miembros de su manada. Las hembras también

Los rinocerontes se encuentran entre los animales ahora ya conocidos que se comunican por sonidos por debajo de la audición humana.

Los hipopótamos han demostrado que tienen un sistema secreto de comunicación subacuática y sus bramidos contienen ondas infrasónicas que pueden viajar 30 km en un río.

producen sonidos infrasónicos para anunciar su condición de reproductividad y luego para avisar de sus partos. Este secreto sistema de comunicación no sólo permite a los okapi llamar a larga distancia; también los capacita para conversar sin llamar la atención de los leopardos, sus principales depredadores.

Cuando se descubrió que los okapis producían infrasonidos, se iniciaron las investigaciones sobre su pariente más cercano, la jirafa. Las grabaciones de los infrasonidos revelaron el sistema privado de comunicación, que en un principio parecía ser mudo.

De la misma manera, se descubrió que un creciente número de mamíferos y reptiles, como los cocodrilos y lagartos, utilizaba el sistema de los infrasonidos. Los lagartos machos son los que actúan de forma espectacular. Todos rugen durante el cortejo y el que consigue rugir de forma más profunda se lleva a la hembra. Si lo hacen mientras están en el agua, los sonidos se convierten también en señales visuales, ya que las vibraciones producen un espectacular baile de aguas en la superficie.

Existe una gran variedad de pájaros que también tiene componentes infrasónicos en sus trinos, por ejemplo el urogallo, la avutarda de Kori, las chochas de Norteamérica y muchos tipos de pichones. Los pájaros pueden oír los infrasonidos profundos de cualquier animal, lo cual los dota de una gran habilidad extrasensorial.

La conducción del sonido

Algunas aves migratorias viajan grandes distancias por explosiones térmicas: torbellinos del aire que se forman sobre el suelo ardiente. Varios pájaros, como cigüeñas, grullas y pelícanos, suben por estos ascensores invisibles hasta alcanzar suficiente altura y luego se deslizan cientos de metros sin apenas abrir las alas. Como irán encontrando otras explosiones durante su viaje, pueden guardar energías y ahorrar esfuerzos para su viaje intercontinental. Por fortuna, para ellos, las explosiones térmicas crean un ruido infrasónico que pueden oír a tres kilómetros de distancia. Aunque no todas las aves migratorias utilizan las corrientes térmicas, los sonidos de baja frecuencia que éstas producen pueden ayudarlas de otras maneras.

Aunque estuviésemos lejos del mar y del rítmico oleaje de la superficie, podríamos oírlos desde la costa. Pero con la distancia, todas las altas frecuencias son absorbidas y el sonido del mar se hace más profundo. Todavía más lejos, los sonidos son tan bajos en la escala que acaban por mezclarse. Si tuviéramos el agudo oído de un pájaro, a pesar de que los sonidos seguirían decreciendo en la escala, aún podríamos oírlos aunque estuviéramos a cientos de kilómetros de distancia.

Este margen insólito es posible porque los pájaros oyen los infrasonidos más extremos (tan bajos como 1 ciclo por segundo). A estas frecuencias, el sonido viaja casi sin detenerse. Además de los infrasonidos del océano, pueden ser audibles para ellos otras fuentes de sonido: desde los vientos de las montañas a las susurrantes arenas del desierto. Si las aves migratorias prestaran atención a las distintas formas de estos sonidos, las podrían usar como hitos acústicos durante su viaje.

Los peces también detectan infrasonidos, de manera que especies migratorias como el salmón y el bacalao los usan para navegar. Como sucede por tierra, el océano profundo también aporta constantes fuentes de infrasonidos. Como las ondas, las turbulencias producidas por corrientes oceánicas y movimientos sísmicos del lecho del mar crean profundas fuentes de sonido que los peces podrían utilizar para guiarse.

La llamada transatlántica
Diversos tipos de ballenas, incluyendo a la ballena azul, la mayor criatura sobre la tierra, emplean infrasonidos de unos 20 hertzios para llamar a larga distancia. Gracias al agua, que transmite el sonido de manera rápida y eficiente, las llamadas se pueden oír desde cientos de kilómetros de distancia. Es este un fenómeno tan útil que en su momento fue incluso un secreto militar.

En el agua, la velocidad del sonido varía según la temperatura, la salubridad y la presión; en las profundidades de alrededor de 1.500 metros, estos factores se combinan para formar un canal que actúa como un tubo de voz que permite alcanzar distancias casi increíbles. Este canal secreto fue utilizado por los militares durante años y hasta el final de la Guerra Fría no se reveló que también las ballenas utilizaban este canal clandestino para comunicarse a través de los océanos.

Las ballenas se comunican a distancias extremas, pero aún hay un problema por resolver. Aunque el sonido viaja cinco veces más rápido por el agua que por el aire, incluso a 1,5 km por segundo de velocidad, a una ballena le llevaría una hora comunicarse desde Londres a Nueva York, es decir, 5.400 km. Si la distancia es tan grande y tardan tanto en comunicarse, ¿qué se dicen las ballenas que sea tan significativo?

Como de costumbre, el sexo nos dará la respuesta. A pesar de los esfuerzos de los balleneros, nunca se han encontrado las áreas de crianza de estas ballenas que utilizan los infrasonidos. Quizá estas llamadas de larga distancia les permiten mantener en secreto el lugar de sus citas en el océano profundo.

Otra posibilidad es que se llamen unas a otras al hallar bancos de krill: diminutas criaturas que son la base de su alimentación. Pero si una ballena recibiera el mensaje, tendría que recorrer al menos 5.000 km para comer estos pequeños crustáceos. Entonces, ¿tiene sentido su comunicación? Un viaje así no es ningún problema: las ballenas pueden viajar de seis a nueve meses seguidos gracias a su grasa, que actúa como tanque de energía, aunque antes se creía que les servía para mantener el calor. Pero si el viaje dura por lo menos tres meses, ¿por qué debería seguir allí el krill cuando llegaran? Por fortuna, los bancos de krill son enormes; a veces cubren un área del tamaño de Escocia, así que incluso las últimas en llegar tienen asegurada su porción.

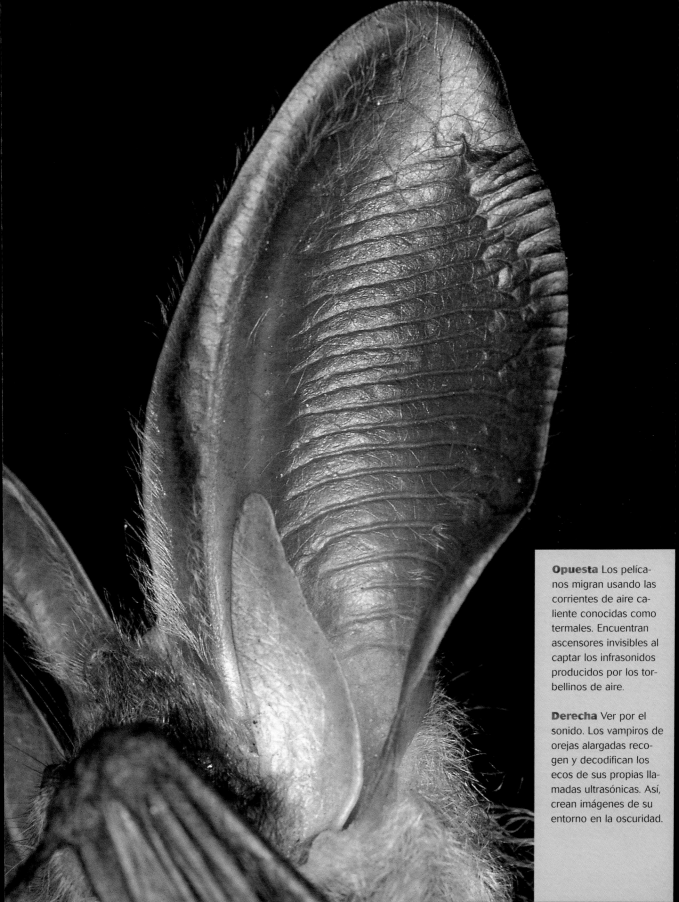

Opuesta Los pelícanos migran usando las corrientes de aire caliente conocidas como termales. Encuentran ascensores invisibles al captar los infrasonidos producidos por los torbellinos de aire.

Derecha Ver por el sonido. Los vampiros de orejas alargadas recogen y decodifican los ecos de sus propias llamadas ultrasónicas. Así, crean imágenes de su entorno en la oscuridad.

Los ultrasonidos

Así como nuestro sentido del oído evita los infrasonidos, también evita los sonidos demasiado altos, situados en el otro extremo de la escala. Estos ultrasonidos crean uno de los mundos más extensos de los sentidos, al que los seres humanos no accedemos.

Sólo oímos sonidos sobre los 20.000 hertzios, pero existen muchos animales que producen y escuchan sonidos situados más allá de nuestros márgenes. Entre los mamíferos, es el tamaño el que define la posibilidad de acceder a este mundo. Como norma, los animales más pequeños son los que oyen sonidos más agudos. Casi todos los pequeños mamíferos, incluyendo los roedores, como el ratón, el hamster y el jerbo, y los insectívoros, como la musaraña, el erizo y el topo, emplean los ultrasonidos.

Si hacemos cosquillas en la barriga de una rata, ésta emitirá sonidos y soltará una risita que no podremos oír. La risa ultrasónica es muy parecida a la risa fácil de un niño. La razón de que los niños y las ratas se rían tanto se debe a que utilizan la risa para distinguir los juegos de las interacciones agresivas. Aunque la risa pueda significar lo mismo para ambos, nos es imposible compartir tal diversión debido a nuestras diferencias sensoriales. Pero con las ratas tenemos algo más en común. Las ratas macho chillan rítmicamente en ultrasonidos cuando se aparean, y también luego, tras el coito.

La visión de los ecos

El ultrasonido tiene muchos usos, entre ellos, el que se deriva de una de sus características: resuena en la vegetación y modifica el sonido. Los pequeños roedores pueden, entonces, gritar cuando son perseguidos por los depredadores. Esta naturaleza especial de los ultrasonidos dota a algunos animales de un poder inusitado.

Cuando los pequeños mamíferos se dirigen hacia sus madrigueras suelen emitir ultrasonidos. A estas frecuencias, las ondas de sonido resuenan en los tallos de las hierbas como si retumbaran entre las paredes de una catedral. De la misma manera que los seres humanos estimamos las distancias a las que nos encontramos mediante los lapsos de tiempo entre los ecos, los pequeños mamíferos pueden determinar la proximidad de un objeto. Animales tan distintos entre sí como los topos, las musarañas, los erizos y las ratas usan este sistema básico para ubicarse mediante los ecos. Las criaturas que viven en la más completa oscuridad tienen un sistema muy refinado.

La musaraña de cola blanca de Malasia localiza las cucarachas que se esconden en el guano de las cavernas infestadas de murciélagos al percibir los ecos que los insectos emiten. Aunque el eco da una información limitada, ésta es suficiente para que las musarañas hallen alimento en la oscuridad total. Sobre ellas penden las criaturas que han perfeccionado tanto el sistema que crean imágenes por medio del sonido.

Los alaridos de los murciélagos insectívoros pueden alcanzar una frecuencia increíble de 200.000 hertzios. Siendo así, el sonido rebota con el objeto más pequeño.

Los murciélagos, al analizar estos ecos, recrean una imagen a partir del sonido. Pueden obtener más detalles al incrementar sus llamadas. Normalmente éstas tienen lugar 25 veces por segundo, pero pueden alcanzar hasta las 200 veces por segundo para lograr un grado más alto de resolución. En estas escalas tan elevadas llegan a percibir una mosca de agua a 20 metros de distancia.

El sonar de un murciélago es tan potente que puede identificar el tamaño, el peso, la velocidad de vuelo, la dirección y el tipo de insecto. Aunque el sistema se basa en el sonido, su cerebro procesa la información como si se tratara de imágenes.

Los sonidos de más alta frecuencia dan mejor resolución, pero son inmediatamente absorbidos por la atmósfera y sólo penetran a corta distancia. Para combatir este problema y tener mayor resolución, los murciélagos rastrean cada emisión de sonido y aumentan el nivel de su escala acústica; así, captan frecuencias más bajas dentro de las más altas. Algunos murciélagos usan otras técnicas para mejorar su resolución.

Todos hemos oído alguna vez el creciente sonido de una sirena a medida que un coche de policía se acerca y lo hemos oído decrecer al alejarse. Varios murciélagos se han apropiado con ingenio de este recurso, llamado efecto Doppler, para localizar sus presas. En vez de usar impulsos cortos, emplean ultrasonidos más largos. Cuando una polilla se acerca, el eco que vuelve cambia de escala, dando una información precisa sobre su velocidad relativa. Algunas especies, como los murciélagos de orejas alargadas, actúan como rápidos policías, acechando y rastreando el aire con su pistola ultrasónica. Cuando la víctima llega a la escala del murciélago, éste utiliza el efecto Doppler para calcular la distancia y la velocidad del aire antes de coger a su presa.

El sonar de un pájaro

Los pájaros no pueden oír ultrasonidos, pero esto no ha impedido a algunos de ellos desarrollar el sistema de ecolocalización: usan frecuencias más bajas. Los guácharos cavernícolas de Sudamérica y del Sudeste de Asia han desarrollado un sistema sonar audible para nosotros. La mayoría de las emisiones de los guácharos están sobre los 2.000 hertzios. A esta frecuencia, sólo pueden percibir objetos más grandes que una pelota de fútbol, pero así evitan chocar contra las paredes de la cueva que habitan. Dentro de la cueva, el sistema de ecolocalización funciona a unas frecuencias un poco más altas, lo que les permite percibir objetos del tamaño de un lápiz.

Imaginando el sonido

Ballenas dentadas, delfines y marsopas son los maestros en imaginar el sonido. Su sistema es similar al del murciélago, pero el delfín produce sonidos con su laringe y los emite mediante una estructura en forma de cúpula, llamada melón, situada sobre la cabeza. Los ecos que resuenan los recoge gracias a la mandíbula inferior.

Los delfines tienen in-
creíbles poderes sobre-
naturales, pero aún no
se sabe si pueden
salvar vidas humanas.

Un delfín de crucero emite sonidos de diez a veinte veces por segundo, pero su escala alcanza las 200 cuando se acerca a un pez. En lugar de rastrear una escala de frecuencias como hace el murciélago, el delfín descarga una emisión de sonido que abarca una amplia escala de frecuencias: las más altas llegan a los 200.000 hertzios. Para obtener una definición de su entorno, el delfín decodifica los ecos complejos y mejora su resolución al sintonizar la banda de frecuencia con la del objeto que explora. Con esta precisión llega a percibir cables tan finos como los de un tercio de milímetro.

Los delfines pueden alterar la frecuencia de los focalizadores ultrasónicos, hecho que los dota de un poder extra: se convierten en una arma de sonido. Son capaces de sintonizar sus sonidos de alta intensidad a la frecuencia de la resonancia de las burbujas que provoca un pez al nadar. Se piensa que esto puede ser la causa de que el tejido corporal de sus presas vibre como gelatina, las desoriente y las deje inmóviles.

Del mismo modo, para entrar en las penumbras del océano, usan la ecolocalización, que les permite seguir a cientos de metros las alteraciones del lecho submarino. Este sistema dota a los delfines de poderes sorprendentes: perciben cualquier ser vivo, como si tuvieran rayos X. El tejido corporal está compuesto por un 90 % de agua, de forma que el «escaneo» de las ondas que llevan a cabo los delfines pasa casi inadvertido: sólo los huesos y las cavidades de aire reflejan el sonido. Por ello, el delfín no percibe del pez más que su espeluznante esqueleto y el brillo de las burbujas que produce al nadar; de nosotros, no sólo ven ese destello, sino también la fantasmagórica impronta de nuestro esqueleto y nuestros pulmones llenos de aire. La visión es similar a la de un escáner de ultrasonidos realizado en cualquier hospital, y un delfín que inspeccione a una mujer embarazada ve el feto vivo de un modo parecido.

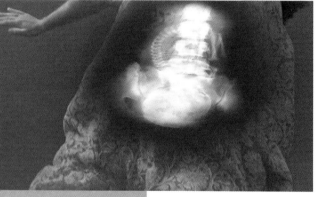

La habilidad del delfín para «escanear» otras formas de vida puede ser la razón de que encuentre tan interesantes a las mujeres en estado.

En las atracciones acuáticas en las que la gente puede estar en contacto con los delfines, a menudo estos cetáceos muestran un interés especial por las mujeres embarazadas. Puede que se deba a que su sistema de localización de ecos les permite percibir el embrión o puede tratarse de una atracción desconocida, no lo sabemos aún. Cualquiera que sea la razón de este comportamiento, el interés de los delfines por los seres humanos forma parte de una larga tradición de anécdotas y documentación que data de siglos anteriores. A lo largo de toda la historia se han registrado muchos informes sobre delfines que rescatan náufragos e incluso que los salvan de los tiburones. ¿Hay alguna base científica para explicar este comportamiento?

Cuando un delfín nos escanea por medio de los ultrasonidos ve a unas criaturas más parecidas a él que a cualquier otro pez. Tenemos un tamaño similar y compartimos el esqueleto, la boca, la garganta, las fosas nasales y dos bolsas llenas de aire. Debido a esta similitud, su curiosidad y su comportamiento amigable hacia nosotros puede ser causado por una confusión de identidad.

La ayuda que los delfines proporcionan a las personas heridas, a los náufragos y a los seres humanos en apuros puede responder al mismo efecto.

Como los delfines son juguetones, también es posible que, cuando nos ayudan, en realidad estén jugando con un animal interesante que de pronto ha aparecido en su mundo. En cualquier caso, son criaturas muy sociables y los delfines solitarios buscan desesperadamente compañía, lo que explicaría los abundantes casos existentes en los que delfines solitarios nos han rescatado. En algunas circunstancias, los delfines solitarios, sexualmente frustrados, pueden ver a los humanos como potenciales compañeros, así que un rescate podría entenderse como un simple cortejo amoroso.

El fenómeno de los delfines «rescatadores» de personas amenazadas por tiburones podría entenderse como una extensión de su instinto natural. Al ser atacados por depredadores agresivos, su reacción es más violenta cuanto más jóvenes son y es posible que frente a un ser humano indefenso reaccionen ayudándole.

Cualquiera que sea la razón, el contacto tan natural entre delfines y humanos, que parece ser tan mágico, es un fenómeno menospreciado por los fríos análisis científicos. Lo que es verdaderamente sobrecogedor es el acercamiento de dos seres inteligentes que tienen dos sistemas sensoriales tan distintos. Visto desde nuestra limitada perspectiva, hemos conectado con animales que poseen poderes realmente extrasensoriales.

Como veremos en el próximo capítulo, existen muchos otros poderes sobrenaturales, entre los cuales encontramos algunos tan raros que suelen considerarse como paranormales.

2

PARANORMAL

¿¿Qué entendemos por paranormal?
Antiguamente se sabía tan poco acerca del mundo que cualquier cosa rara que
no coincidiera con lo esperado se guardaba en el cajón de lo paranormal. En
la Edad Media, este cajón rebosaba de misterios. Casi todo el mundo natural
era un enigma. Muchos de los animales fabulosos de entonces eran manipu-
laciones de animales reales: los dragones escamados provenían de recopila-
ciones sobre los cocodrilos del Nilo, que fueron considerados por los egipcios
como bestias sagradas; los unicornios derivaban de los primeros informes sobre rinocerontes y el supuesto poder de su cuerno perdura hoy día. Incluso se
creía que animales menos exóticos poseían poderes paranormales. Se pensa-
ba que los gatos negros eran parientes de las brujas y sus ojos reflectores, una
adaptación para la visión nocturna, se interpretaban como los ojos del diablo.

Incluso ahora hay cosas que rozan lo paranormal. Los gatos a veces nacen
con extensiones en los costados de su cuerpo parecidas a unas alas, una mu-
tación que antiguamente hubiera sembrado el terror en un pueblo entero.
Las ratas pueden nacer con las colas atadas y, si es así, al intentar caminar

recrean el movimiento de una rueda, caso en que se las conocía como el rey ratón. Todavía hoy nos encontramos con este extraño fenómeno pero, como ahora la ciencia puede ofrecernos una explicación, no lo vemos como paranormal. A medida que el saber avanza, las revelaciones sobre los mundos físicos y sensoriales de los animales han desterrado el reino paranormal a unas pocas anomalías intrigantes.

Pero no todas las creencias paranormales de la antigüedad son resultado de la ignorancia; algunas, como el vasto folklore que creció con las pociones de las brujas y los remedios de hierbas, se identifican con las propiedades medicinales de algunas plantas. La ciencia las veía con escepticismo, pero se han revalorado y, lo que es más, cuanto más descubrimos sobre los poderes de los animales, más valor damos a las plantas. No obstante, entre muchos de los poderes animales que ahora ya podemos comprender, todavía hay algunos que parecen tan milagrosos que, comparándolos con nuestras limitadas habilidades, el epíteto más adecuado para calificarlos es el de paranormal.

Peces que llueven del cielo

Documentos sobre peces que llueven del cielo forman parte de la delgada frontera entre lo inexplicable y los límites del saber actual. Hay historias sobre el tema que datan de la época de los griegos, y en el presente siglo hay cientos de reportajes bien documentados: sesenta vienen de Australia y se ha experimentado el mismo fenómeno en Gran Bretaña, la India, Estados Unidos y varias partes de África, aunque los detalles cambian. A veces los peces colean todavía vivos, indefensos en el suelo como si hubieran caído de un lago celestial; otras, caen muertos o congelados, como si fueran descargados del congelador de un supermercado en órbita. Para añadir más confusión al asunto, pueden caer peces en diferentes estados, y la lluvia puede conformarse con un solo pez o con un banco de varios cientos.

Estos sucesos escalofriantes atraen explicaciones extrañas. Antes creían que estaban presenciando una generación espontánea de la naturaleza que, debido a su horror al vacío, creaba vida para colonizar el agua con nuevos cuerpos. Una explicación imaginativa sugería que los peces migraban utilizando el poder de la teletransportación, desapareciendo de un lugar para materializarse en otro. Aunque esta idea implica un alto grado de ciencia-ficción contemporánea, se remonta a siglos atrás.

Hoy en día, existen explicaciones más racionales para estos raros fenómenos. Los peces que caen en pequeñas cantidades son más fáciles de explicar: es probable que sean arrojados por las aves. Las aves que se alimentan de pescado llevan sus presas

Anteriores Peces llovidos del cielo están bien documentados. Unos pocos peces pueden ser lanzados por pájaros pero, ¿cómo se explica el descenso de un banco entero?

en el pico o en las garras y este hecho, a su vez, las convierte en presas fáciles para los carroñeros. En una persecución aérea, la víctima suele soltar a su presa para poder escapar, ofreciendo a los merodeadores una cebo fácil. Aunque nos sorprenda, las confrontaciones de este tipo son muy comunes: varios pájaros, incluyendo las gaviotas grandes y los pájaros rabihorcados, viven de este tipo de piratería. Si los carroñeros fallan al recojer el cebo y éste cae, a cualquiera le parecería ver llover un pez del cielo.

Lo bancos de peces que llueven son más difíciles de explicar, pero el poder oculto del viento nos dará la respuesta. Los tornados están entre los fenómenos atmosféricos más estudiados, pero su impredecible naturaleza los ha convertido en asunto misterioso y elusivo. De todas maneras, tanto las investigaciones que utilizan el radar con efecto Doppler como los análisis de los desastres que dejan a su paso han revelado una cuestión muy importante sobre el enorme poder de estos tornados.

Aunque los tornados se mueven relativamente lentos, el aire del interior de su núcleo gira a unos 500 km/h. Tremendos descensos de aire a presión crean una enorme succión que recrea un mundo al revés. Los tallos del trigal se convierten en dardos mortales capaces de penetrar troncos de árboles como lanzados por armas de viento. Los cascotes de madera de los edificios, destrozados y rotos en el torbellino del ojo del tornado, se convierten en misiles de aire que pueden traspasar hierro sólido.

Un tornado también tiene un increíble poder ascensor: puede arrancar casas de sus cimientos y lanzarlas como si se tratara de ropa dentro de la secadora; levanta coches y camiones como si fueran de juguete y los arroja con furia al campo, transportándolos a 3 km de distancia y dejándolos en el suelo sin que hayan sufrido daños. La gente puede sobrevivir a vuelos de ensueño como los de Dorothy en *El mago de Oz*.

Un viento capaz de arrastrar a la gente y al ganado en su abrazo volátil también tiene el poder de succionar peces. Pero si los tornados son una de las posibles respuestas para explicar la lluvia de peces, ¿por qué los observadores no los mencionan?

Los tornados son los reyes del viento, pero hay otras variantes, como los remolinos de viento y las mangas de arena, que pueden pasar desapercibidos y aun así tener un sorprendente poder de succión. Son estos pequeños torbellinos de viento los que crecen hasta convertirse en un fenómeno llamado «círculos de maíz». Las marcas circulares que aparecen como por arte de magia en los campos de cultivo desde hace cientos de años se han atribuido recientemente a huellas del aterrizaje de naves extraterrestres. Pero el círculo de maíz de las leyendas se parece mucho al producto restultante del trabajo de los díscolos torbellinos de viento.

Al azotar el agua, los fuertes vientos nos muestran otro poder: la aspiran creando una columna acuática rotante, llamada tromba de agua. Un pez que esté en la superficie será succionado por la corriente y arrojado por una nube de tormenta rabiosa. Mantenidos a flote en estas nubes de tormenta, podrían ser transportados a largas dis-

tancias. Cuando se calman las fuerzas violentas, los peces podrían aterrizar lejos de sus lugares de procedencia. El hecho de que muchos peces caigan congelados y acompañados de granizo viene dado por la temporada que han pasado dentro de una nube de tormenta.

Un torbellino de viento parece la explicación más razonable para la lluvia de peces, pero, como teoría científica, no contempla todos los casos. Por ejemplo, no explica por qué las lluvias de peces están conformadas por una sola especie de éstos.

Los peces no son los únicos que llueven del cielo. Salamandras, camarones de agua dulce, serpientes y cangrejos de agua también han protagonizado misteriosos incidentes relacionados con la lluvia. Igual que las ranas y los sapos, aunque su materialización en lluvias de tormenta tenga una explicación más simple. Ranas y sapos jóvenes migran de sus charcas natales en medio de los chaparrones y este éxodo masivo puede transformar el suelo en una multitud saltarina de anfibios. Sería fácil asumir que han llegado con la lluvia en vez de aparecer a causa de ésta.

La expresión anglosajona «llueven gatos y perros» se refiere al parecer a la lluvia de animales, pero este dicho tiene orígenes medievales y es más probable que esté relacionado con el drenaje que se realizaba en las calles de viejas ciudades. En esos tiempos, un fuerte chaparrón hubiera arrastrado y ahogado a animales del tamaño de los perros y los gatos, limpiando las calles.

Otra extraña lluvia es la de la gelatina luminosa que rocía los campo. Al principio apareció en los campos galeses y se la llamó *Pwdre ser* o «podre de estrellas». Primero se pensó que sus orígenes eran extraterrestres, pero una explicación más terrenal para esta extraña aparición tiene que ver con las aves depredadoras. Las garzas y otras aves, que se alimentan de ranas, suelen encontrar masas gelatinosas de huevas de rana en sus capturas, sobre todo a principios de la temporada de crianza. Estas masas aumentan con el contacto del agua situada en el estómago de las aves y, para evitarlo, las aves expulsan la desagradable gelatina. Cuando el vómito de gelatina absorbe el agua presente en la vegetación circundante deviene *Pwdre ser*.

Las hierbas medicinales

Las lluvias de peces y otros fenómenos relacionados con las lluvias parecían un desafío para la ciencia y se consideraron como fantásticos, hasta que llegaron las explicaciones racionales. Otra área que roza la frontera entre ciencia y superstición es la «medicina» de doctores brujos y herboristas. Los nuevos descubrimientos sobre los animales muestran cómo debían ser los tratamientos antiguos.

Recientemente se ha incrementado la aceptación del uso de remedios hechos con hierbas. Lo que una vez se consideró poco científico y estrafalario se está estableciendo como un complemento de la medicina convencional. Es sorprendente la escisión

Opuesta Una vista inusual: una gran manga de agua acompañada por un rayo sobre una parte de Florida. ¿Podría esta fuerza natural estar detrás del misterio de la lluvia de peces?

entre las dos ramas de esta ciencia, ya que la medicina convencional deriva de ingredientes naturales o sintetiza elementos químicos que mimetizan las curas naturales. El origen del 60% de las medicinas de hoy es natural en parte o por completo. La gragea milagrosa de la aspirina originalmente se producía con la corteza de sauce, mientras que el antiestrógeno tamoxifen, utilizado en el tratamiento del cáncer de mama, es un derivado del tejo: un árbol anclado en el poder de la cultura popular.

Hoy, los chamanes de las tribus, que fueron tildados de brujos, son consultados por su saber sobre el poder de curación de las plantas. Sin embargo, tantas culturas están perdiendo contacto con sus tradiciones que esta sabiduría está desapareciendo muy deprisa. Este saber tiene una larga tradición, pero la dimensión de su antigüedad acaba de ser hallada: estamos descubriendo que nuestros parientes más cercanos del reino animal también utilizan hierbas medicinales, variantes de alimentos comunes.

Si un chimpancé tiene una dolencia, busca las plantas adecuadas para curarse, las mismas hierbas que usan como remedios las gentes del lugar. Como ellos, se cura las infecciones de bacterias y hongos con hojas de la planta de Aspilia y usa otras plantas para dolores de estómago o para expulsar de su cuerpo gusanos parasitarios. Tanto los chimpancés como los nativos del lugar usan la misma hierba primitiva para controlar la natalidad, induciéndose abortos con el *combretum* y las hojas de *ziziphus*. Se cree que los chimpancés recurren a esta planta si sus grupos crecen en exceso.

Otros primates, como los mandriles, los lemúridos y los enérgicos monos, comparten también muchas de las hierbas medicinales con los pueblos de las tribus del este de África y usan plantas como las acacias, smilax, esmiláceas y los ibiscus para curar diversas enfermedades. Cuando los mandriles sufren de diarrea, se curan con las hojas de la *solanum incanum*. Cuando están infectados con los gusanos de Shistosoma, un doloroso parásito, destruyen la infección con el fruto del árbol de Balanites. Los mandriles que menstruan incluso tienen un tratamiento para sus cólicos durante el período y comen hojas del árbol del candelabro para aplacar su incomodidad.

Otros animales, además de los primates superiores, pueden curarse a sí mismos. Algunos, como los sapos verdes y el sapo moruno, poseen químicos naturales y sintetizan sus propias medicinas. Los componentes secretos de su propia piel combaten las bacterias con la eficacia de la penicilina. Como los sapos suelen vivir en aguas estancadas, esos componentes protegen su piel de infecciones. La abeja de miel y la mariposa Cecropia producen químicos antibióticos para luchar contra enfermedades.

Los conejos, cuando se limpian la parte trasera de las orejas, están dosificando sus complejos vitamínicos. El aceite de las orejas contiene un químico que explota cuando se expone a la luz del Sol en forma de vitamina D. Las largas orejas actúan como una trampa para el Sol, promoviendo la alteración química. Los conejos, mientras se lamen sus patas, están transmitiendo las vitaminas a sus bocas.

Los animales, al igual que lidian con las enfermedades, combaten los venenos que aparecen en sus comidas. Como hemos visto en el primer capítulo, la mayoría de las plantas se protegen a sí mismas con alcaloides que pueden ser peligrosos si se ingieren en grandes cantidades. Si hervimos o cocinamos verduras como las patatas y las calabazas extinguimos sus toxinas. Hemos pasado miles de años seleccionando nuestros cultivos para neutralizarlos y para conseguir que nuestros alimentos sean agradables al gusto, pero existe otra cara de la misma moneda: los animales los encuentran tan irresistibles como nosotros y por eso aparecen las pestes.

Como las plantas se protegen con venenos, los dolores de estómago son habituales para los animales salvajes; éstos se sanan con nuestros mismos remedios.

El carbón es un medicamento prescrito en muchos casos de envenenamiento de los seres humanos: sin nos comemos el capuchón mortal de algunas setas, aquél puede ser nuestra única esperanza de salvación. El mismo antídoto es también conocido por los monos de colobo de Zanzíbar. Este mono se alimenta de los mangos, ricos en proteínas, y de los almendros indios; pero dichos árboles expulsan a los monos mediante sustancias químicas llamadas fenoles y otras sustancias venenosas. Para lidiar con el veneno, el mono ha aprendido a incluir en su dieta una dosis de carbón.

Aunque el carbón es difícil de encontrar, la quema de madera en el bosque crea provisiones de este antídoto tan valorado; además, los monos lo roban de los hornos de carbón o de las cestas de las bicicletas que lo transportan a las ciudades. Las madres transmiten a sus pequeños los beneficios de este remedio y, en el caso de las hembras Fagins, les enseñan a sus crías a robarlo de los hornos.

Otro tratamiento para nuestro dolor de estómago es la arcilla refinada, más conocida como kaolin. Los guacamayos sudamericanos utilizan versiones naturales de esta simple cura para neutralizar las toxinas de su dieta alimenticia. Muy de mañana, cientos de estos loros de colores descienden a las riveras para ingerir su dosis de arcilla antes de empezar a comer. Por la misma razón, la población local regularmente ingiere arcilla en sus comidas. Las patatas son la base de su dieta alimenticia, pero como son tubérculos salvajes que todavía no están sujetos a las alteraciones mencionadas anteriormente, aún contienen muchas toxinas peligrosas. Al mezclarlas con arcilla neutralizan los efectos dañinos, ayudándoles a prevenir los dolores de estómago.

Incluso los gatos domésticos tienen sus propios remedios gástricos. Al comer hierba, limpian las toxinas como las bolas de pelo o la comida indigesta que se halla en sus intestinos. Los leones y otros grandes felinos utilizan básicamente este tratamiento.

Además de las medicinas naturales, los animales también han descubierto los insecticidas que ofrece la naturaleza. Muchas aves de rapiña, sobre todo las águilas, llevan hojas aromáticas a sus nidos. Esta guirnalda verde, que alguna vez se creyó que era decorativa, se sabe ahora que sirve para acorralar a los insectos parásitos. De un

modo similar, los búfalos de Sudáfrica decoran a menudo sus astas con hojas de plantas puntiagudas, creando un atuendo para su cabeza que actúa para prevenir las moscas. No hace mucho, cuando hubo un brote de malaria en Calcuta, India, los gorriones domésticos empezaron a apilar en sus nidos hojas de *caesalpina pulcherrima*ricas, ricas en quinina. Esta sustancia es la cura natural para la malaria y es el motivo por el cual el remedio favorito de la colonia británica en este país, el «gintonic», tiene un sabor amargo. Las aves, como hicieran los constructores del Imperio Británico de antaño, empezaron a tomar su medicina contra la malaria ingiriendo dichas hojas.

Opuesta Los lemúridos, al igual que los chimpancés, parecen compartir nuestro conocimiento sobre las hierbas medicinales tradicionales. Esta hembra busca las hojas adecuadas para tratar intoxicaciones.

Derecha Curanderos naturales. Este colorido guacamayo sudamericano ingiere por instinto arcilla que neutraliza el veneno perjudicial de sus comidas. Los indígenas locales usan una técnica similar.

El ritual de las hormigas

Además de protegerse a sí mismos de las enfermedades y del ataque de los insectos, los animales sucumben a extraños rituales para fortalecer sus plumajes. Uno de los más espectaculares es el de algunos pájaros que se someten voluntariamente al ataque de las hormigas. El ritual varía dependiendo de las especies, pero la base de este acto masoquista nos remite a la destrucción de un nido de hormigas para provocar a sus habitantes. Algunos pájaros, como los arrendajos y las urracas de cola roja, se tumban encima de un hormiguero con las alas abiertas y sucumben al ataque furioso de sus moradoras; pero la mayoría, como los estorninos, los grajos y las arañas tejedoras, participan de un ritual más elaborado. El pájaro extiende sus alas sobre el suelo a la vez que se contornea y coletea. Coge una hormiga con el pico y vibra hasta aplicarse el furioso insecto sobre las plumas de sus alas abiertas, de su cabeza y bajo la cola. Cuando el resto de las hormigas ataca para defender su territorio, emplea una arma química: un corrosivo pulverizador de ácido fórmico.

Por lo menos 250 especies de pájaros cantores realizan este ritual, lo que significa que debe haber buenas razones para ello. La explicación más probable es que el ácido fórmico actúa como un insecticida y destruye los ácaros de sus plumas. Debido a su naturaleza corrosiva, el ácido también debe acabar con los hongos y las bacterias. También es probable que ciertos aceites esenciales de las secreciones actúen como acondicionadores, convirtiendo el ritual en un perfecto retoque cosmético.

Los pájaros de fuego

Los pájaros utilizan otras técnicas no menos extrañas para cuidar su plumaje. De hecho, uno de ellos ha debido dar lugar a la leyenda del ave fénix.

La creencia de que los animales tienen miedo al fuego es un error generalizado. En realidad, a la mayoría les es indiferente o incluso lo buscan. Ente los amantes del fuego encontramos a los estorninos y a los grajos, que con frecuencia vemos en las chimeneas, disfrutando de acres vapores. Suelen ahumarse en la misma postura que otros pájaros emplean en el ritual de las hormigas, para que el humo, literalmente, fumigue sus plumas. Para algunos, la fascinación por el fuego va mucho más lejos.

En la Edad Media, los miembros de la familia de los grajos, como los cuervos, las urracas y las chovas, eran conocidos como los pájaros de fuego debido a un extraño comportamiento: volaban hacia los fuegos humeantes y extinguidos y se llevaban una ascua encendida a su nido. En esa época de los tejados de paja, éstos eran sus lugares preferidos para anidar, lo que resultaba muy peligroso. Hoy en día, todavía hay casas que se incendian a causa de estos pájaros incendiarios.

Los grajos en cautiverio desarrollan tendencias pirómanas e incluso llegan a prender fósforos. Su reacción es exponer su pecho contra las llamas o sobrevolar el fuego con sus alas abiertas. Esta postura, que mimetiza la del ritual de las hormigas o la de los pájaros que se ahuman, guarda una similitud con la mítica ave fénix, presente en escudos heráldicos. Fue un ave africana que cuando estaba a punto de morir construía su propia pira funeraria con especies. Después se sentaba sobre la pira y cantaba una suave melodía hasta que los rayos del Sol incendiaban el nido y el pájaro se consumía en las llamas. De las cenizas renacía una nueva vida. Los pájaros que se ahuman dieron lugar a esta leyenda porque emergían sanos y salvos del humo milagrosamente. Estos pájaros protegen sus ojos de las llamas mediante una membrana intermitente que actúa como un segundo párpado, y sus picos sobreviven a la quema porque producen copiosas cantidades de saliva. También evitan que sus plumas ardan mediante un aleteo que las mantienen en constante movimiento.

La combustión espontánea

Algunos animales que juegan con fuego dan un paso más. Existen muchas anécdotas sobre personas que arden en llamas, pero sus únicos equivalentes en el mundo natural son las plantas como el *cistus* y el orégano, que crean aceites volátiles (página 108); durante el proceso de su incendio espontáneo, liberan sus semillas. Entre los animales, no hay ninguno que, de hecho, cree llamas por sí mismo, pero hay un escarabajo que hace algo casi igual de extraordinario.

El escarabajo bombardero adoptó su nombre debido a su extraña habilidad de provocar explosiones controladas mediante combustiones químicas. Su estómago tiene un explosivo químico y se divide en dos cámaras con diferentes elementos químicos: una contiene hidraquinina e hidrógeno peróxido, ambos inactivos por sí mismos pero explosivos si se combinan con los agentes activadores confinados en la segunda cámara. Los dos químicos se guardan por separado hasta que el peligro acecha; en ese momento, el escarabajo abre una válvula de escape y descarga los contenidos en una cámara de combustión. La reacción resultante es explosiva. Un gas químico tóxico es propulsado por un tubo hasta la punta del abdomen del escarabajo. Dicho tubo tiene una válvula de dirección para orientar el gas hacia la cara de cualquier depredador. Los pájaros, reptiles y depredadores de insectos sueltan inmediatamente al escarabajo cuando son atacados por este corrosivo bombardeo, lo que le pemite escapar.

El mecanismo de las dos cámaras del estómago del escarabajo guarda una estrecha similitud con la tecnología de los cohetes, pero no es la única semejanza. El escarabajo expulsa su irritante gas 735 veces por segundo, una técnica que regula la explosión y previene al insecto de achicharrarse a sí mismo. La ingeniería de las bombas voladoras alemanas V1, que provocaron un desvastador efecto en la segunda guerra mundial, usaba el mismo mecanismo propulsor, pero a una escala mucho menor, de sólo 42 veces por segundo.

Abajo ¿El sistema de defensa más raro de todos? Esta increíble fotografía de un lagarto cornudo de Tejas congela la acción en el instante en el que una gota de sangre fluye de su lagrimal.

Opuesta Un basilisco o lagarto Jesucristo. Hace un milagro: anda o, mejor dicho, corre, por encima del agua.

Andando sobre el agua

Otros animales hacen milagros pero de otro tipo. El basilisco fue una bestia mítica, medio gallo, medio serpiente, cuya reputación era matar a todos los que se atrevieran a mirarlo. En Centro América se ha bautizado igual a un extraño lagarto con cola de gallina curvada sobre su cabeza y apariencia de animal terrorífico. Carece de los poderes del mitológico basilisco, pero posee otra habilidad. Su nombre alternativo, el lagarto Jesucristo, nos da la clave de sus verdaderas habilidades: anda sobre el agua. Se eleva sobre sus patas ocultas y luego corre sobre la superficie.

El secreto del «milagro» reside en las marmitas que se esconden bajo sus pies y que se llenan de aire mientras corre. Sus pies estriados, con unas franjas escaladas, atrapan el aire momentáneamente y evitan que se hunda. En realidad, en vez de andar sobre el agua lo hace por el aire. Sólo tiene que moverse lo suficientemente rápido como para evitar que el bolsillo de aire se colapse antes del próximo paso. Mientras corre sobre la superficie del agua puede alcanzar velocidades de 12 km/h y, si aguanta, puede cruzar una charca de 40 metros sin hundirse.

Lágrimas de sangre

Otro «milagro» para nosotros tiene que ver con estatuas, a menudo de la Virgen y el niño, que lloran lágrimas de sangre. Es increíble, pero hay un animal que lo hace.

En los desiertos del sur de Norteamérica, tres especies diferentes de lagartos espinados han desarrollado un extraño e impresionante sistema de defensa. Estos lagar-

tos tienen el cuerpo recubierto por una especie de espinas que aterrorizan a los depredadores. Además, son los maestros del camuflaje y se confunden hábilmente con la arena del desierto o con las rocas de su entorno. Por si esta protección fuera poca, intentan intimidar a sus atacantes inflándose hasta convertirse en formidables adversarios y saltan hacia delante mirando furiosos al depredador. En el caso de que esta táctica tampoco funcione, recurren a la defensa más extraña: lloran sangre.

Para ello, el lagarto aumenta su presión sanguínea en las cavidades de sus lagrimales hasta que las paredes estallan y la sangre mana de sus ojos; el líquido puede llegar a un metro de distancia. El depredador se queda tan aturdido que abandona.

Este comportamiento es tan raro que los documentos que hay sobre el mismo fueron cuestionados por la ciencia durante años; pero este lagarto no es el único que usa la sangre como arma defensiva. La llamada «autohemorragia» (literalmente sangrar por sí mismo) es común en el mundo de los insectos. Las mariquitas, por ejemplo, sangran por las junturas de sus patas. Lo hacen porque la sangre, además de ser venenosa, puede obstaculizar las zonas bucales de los insectos depredadores.

Amputación de miembros

Además de verter sangre, algunos animales dan un paso más hacia lo paranormal y se amputan voluntariamente miembros del cuerpo.

Un artificio trillado pero efectivo que aparece en muchas películas de terror muestra cómo un miembro, después de haber sido escindido del cuerpo humano, sigue retorciéndose, con vida propia. Este espeluznante fenómeno tiene su contrapartida en el mundo animal y es tan común que ya tiene nombre propio: autonomía. Aunque nos parezca sorprendente, hay animales que voluntariamente sacrifican parte de sus cuerpos; los cangrejos de mar se desprenden de sus patas, las estrellas de mar pierden brazos y muchos lagartos se separan de sus colas.

Este comportamiento anormal no es más que una forma de defenderse contra los depredadores. El atacante sufre una reacción similar a la de la audiencia de una película de serie B y, mientras observa el fenómeno, el animal puede escapar.

Los lagartos pueden llevar a cabo esta escalofriante autoamputación porque la vértebra de sus colas está diseñada con puntos de fractura predeterminados. La serpiente de vidrio de Pallas (actualmente con aspecto de lagarto), cuyo nombre alude a su fragilidad, es la maestra en este arte. Aunque carece de miembros inferiores, este reptil también se deshace de su cola cuando se encuentra frente a un depredador. La cola es como una delicada pieza de cristal que se rompe en pedazos espontáneamente, de modo que el lagarto pierde dos tercios de su longitud habitual. Los músculos especiales, que siguen contrayéndose al separarse del cuerpo, parecen mantener con vida los miembros amputados, lo que causa una gran consternación al depredador.

Después de tal autoamputación, la cola vuelve a crecer y permite al lagarto realizar el mismo truco otra vez, aunque el nuevo apéndice nunca encaja a la perfección ni alcanza la longitud del original. Pero éste es el pequeño precio que paga este animal por sobrevivir, y el hecho de que su nueva cola sea igual de quebradiza que la anterior muestra cuan valiosa es la fragilidad para su supervivencia.

Una culebrilla tiene una defensa todavía más extraña: puede sacrificar su hígado. En primavera, las piedras calizas naturales de Manitoba, Canadá, se llenan de miles de serpientes recién salidas de la hibernación. Son presas fáciles para los grajos, porque son muy visibles. Pero las aves de rapiña, con tanta abundancia de comida, se permiten el lujo de escoger y pronto aprenden a localizar los hígados de las culebras. Los grajos, cual cirujanos expertos, saben por experiencia dónde encontrar este órgano y cómo extraerlo de los cuerpos indefensos de las serpientes. Lo increíble es que las culebras sobreviven sin este órgano vital y tienen tiempo suficiente para regenerarlo y sustituirlo.

En otros animales, los órganos amputados pueden, literalmente, tener vida por sí mismos. Si la estrella de mar pierde uno de sus brazos, pronto genera un sustituto; pero si la estrella de mar se divide en dos, ambas partes pueden reproducirse por separado y convertirse en otras estrellas. Algunas sólo necesitan una pequeña porción del disco central de la estrella y el fragmento de un brazo para reproducirse.

Las esponjas son todavía más elásticas. Aunque estas criaturas parecen plantas, son colonias de animales unicelulares. Se pueden reproducir por sí mismas con más eficacia que otros animales. Incluso si las pasamos por un cedazo de gasa de seda hasta que quedan reducidas a una masa pastosa, pueden reorganizarse y convertirse en una nueva esponja.

El milagro de la partenogénesis

Otro «milagro» es el fenómeno de vírgenes que dan a luz, conocido con el término de *partenogénesis*.

El sexo es la fuerza conductora de la diversidad genética y es tan popular en el mundo natural como en el nuestro. La base biológica de este placer universal es que permite combinar los genes de diversos individuos para crear nuevos seres. La variación genética de estas nuevas vidas las diferencia de sus progenitores y las ayuda a adaptarse, a través de las generaciones, a los sucesivos cambios del medio ambiente.

A pesar de las ventajas de la reproducción sexual, algunos insectos, como los insectos con pincho y los áfidos, practican la partenogénesis. Los más comunes son los pulgones de las rosas, conocidos como moscas verdes. Si aceleráramos el tiempo y los observáramos desde el momento en que llegan a los rosales en primavera hasta el final del verano, podríamos apreciar su increíble potencial reproduccitvo. Las répli-

cas de algunos áfidos caen de la cola de sus progenitores como los guisantes de su vaina. Pronto aparecen los nuevos áfidos de estos clones y, como las muñecas rusas, cada versión tiene otra idéntica dentro de sí. Como miles de proboscidios salen de la sabia de las plantas, pronto las rosas serán invadidas por clones de las moscas verdes. A pesar de los ataques de estos depredadores, como las mariquitas, las larvas de los neurópteros y los hortelanos, la población de áfidos es bastante inofensiva, ya que su principal defensa es simplemente su fenómeno de elevada reproducción.

Los áfidos se reproducen tan rápido porque todos sus clones son hembras y se generan asexualmente. Los machos sólo forman parte del proceso de reproducción al llegar el otoño. Entonces, por primera vez en todo el año, los áfido recurren al apareamiento. Despúes de una gran actividad sexual, ponen sus huevas y, así, los áfidos sobreviven al invierno. En primavera, empiezan otra vez el ciclo reproductico asexual.

Además de la reproducción rápida, la partenogénesis tiene otra ventaja: si una población sufre un desastre natural, sólo con que sobreviva uno de ellos éste puede empezar a repoblarse. Sin embargo, esta estrategia tiene inconvenientes: como cada uno es un clon de su madre, es vulnerable a cualquier cambio del medio ambiente local.

Por sus desventajas, la partenogénesis no es muy frecuente en animales más grandes, pero los lagartos de cola de látigo de Norteamérica y Méjico a veces la practican: hay colonias, pero éstas no tienen machos. Algunos seres son únicos al respecto, como los chiguagua con manchas: en su última hermandad nunca se han visto machos.

El tercer ojo

Según una creencia hindú, todos poseemos un tercer ojo, solapado por nuestra visión, que constituye un canal de gran poder. Se situa en medio de la frente, justo sobre las cejas, y se acentúa según las castas y entre las mujeres casadas por lunares rojos, amarillos o blancos.

Aunque parezca increíble, muchos animales exhiben su tercer ojo, y éste se encuentra ubicado exactamente en el mismo lugar que la marca de casta de un devoto hindú. En el tuátara, una reliquia de reptil prehistórico que vive en Nueva Zelanda, podemos ver el tercer ojo situado entre sus dos ojos normales. Conocido como la glándula pineal, está cubierto por una piel con forma de gafas y, aunque es como la parte de detrás de una retina, no puede formar imágenes correctas. En los peces, anfibios, reptiles y pájaros la glándula pineal se esconde justo debajo de la piel y es sensible a los cambios del nivel de la luz. Los mamíferos también poseemos esta glándula, pero ha perdido su conexión con el mundo exterior y es como un guisante incrustado en medio de nuestro cerebro. Sin embargo, a pesar de estar cerca del cerebro, el tercer ojo no tiene conexiones nerviosas con él, sino que recibe mensajes de los ojos. Reacciona a la información sobre el cambio de niveles de luz secretando melatonina, una hormona que controla la duración de las diferentes funciones del cuerpo. La glándula pineal se considera un órgano misterioso ya que se ha demostrado que tiene un gran poder e influencia sobre nuestros cuerpos, tal y como creen los hindúes. Pero no todos los ojos son tan benignos.

El ojo del diablo

La expresión «si las miradas matasen» hace referencia a una antigua creencia: algunas personas, al igual que el legendario basilisco, poseían el poder demoníaco de matar con la mirada; existen algunos animales que, ocasionalmente, parecen compartir esta aterradora habilidad. En Sudamérica, la mirada del jaguar se ha dicho que provoca la caída de los monos desde los árboles, y los leopardos en la India y en África causan el mismo efecto en algunos monos. La explicación más racional para esto es que la víctima sufre un ataque al corazón. Encontrarse con la mirada del depredador es tan estresante que el *shock* puede fácilmente causar un paro cardiaco a criaturas sensibles.

Generalmente, la reacción de la presa no es tan exagerada. Si el depredador está situado lo bastante cerca, la presa hará notar que está alarmada y se alejará para luego poder mirar de frente a su adversario. Los depredadores suelen mostrarse indiferentes cuando se dan cuenta de que han sido descubiertos. Pero su reacción varía cuando no se percatan de que han sido vistos por una presa que está cerca. En su intento por escapar, la presa siente pánico y puede bloquearse y entrar en trance. Cuando el depredador percibe este bloqueo, es posible que la deje ir. Pero si ésta se mueve, provocará la caza. Por ello, se quedan mirando como hechizados hasta que el depredador abandona. Las variaciones de esta relación entre depredador y presa han dado lugar a un fenómeno conocido como el encanto.

Hay muchas anécdotas de depredadores que utilizan extraños comportamientos hipnóticos para cazar. Los ejemplos más comunes tienen que ver con los zorros y los armiños. En estas historias, el depredador se revuelca por el suelo, da saltos mortales y se pavonea sobre sus patas delanteras. Las víctimas muestran una curiosa fascinación por esta pantomima y se aproximan para observar. Cuando la audiencia está a su alrededor, de pronto el depredador pasa de ser un artista a ser el más feroz de los atacantes.

Si este comportamiento es deliberado o no, es difícil de decidir, pero las presas quedan fascinadas por sus depredadores y normalmente se entregan. A guisa de salvavidas, la presa manda señales de alarma y fija con su mirada al depredador para asegurarse de que el cazador sabe que ha sido visto. Otras versiones de esta reacción aluden a un posible suicidio, ya que las presas se agolpan alrededor del cazador cuando, por lo general, los depredadores tienden a cazar por sorpresa.

Si el depredador parece perder su interés y sigue su juego, es posible que la presa sienta una falsa seguridad que puede llegar a ser mortal. Cuando un leopardo captura a una gacela, el resto de la manda de gacelas suele formar un círculo alrededor de la víctima. En ese momento, el leopardo aprovecha para cazar a una segunda gacela, escogiendo entre las despistadas espectadoras a una de ellas. No es demasiado difícil imaginar que algunos depredadores aprenden a encantar a sus presas, sabiendo que luego éstas cometerán este tipo de errores fatales.

Algunas serpientes que parecen moverse de manera hipnótica, como las arborícola africanas y las ceilandesas, tienen el efecto de magnetizar a sus posibles presas; sin embargo, en muchos casos en que los animales parecen estar hipnotizados, lo que ha sucedido probablemente es que ya han sido mordidos y están bajo el efecto del veneno, hecho que no ha visto el observador que llega en ese momento a la escena.

Cuando el animal es capturado, su reacción a veces se reduce a un estado de trance que tiene mucho que ver con el mal entendido fenómeno de la hipnosis.

Las historias sobre animales hipnotizados tienen una larga tradición. En una de las más conocidas, un mono australiano del siglo XVII puso a una gallina del revés y con su pico trazó una línea en el suelo, a unos metros de distancia. La gallina se quedó fijada en dicha línea y pareció hipnotizada durante varios minutos. El mismo truco se puede hacer con otros animales. Podemos situar la cabeza de una paloma debajo de su ala y entrará en el mismo extraño estupor. Si frotamos suavemente a una comadreja de la nariz a la frente, ésta se irá quedando fláccida hasta permanecer inanimada por un corto período de tiempo. Lo mismo sucede con los reptiles. Los caimanes luchadores incluyen la hipnosis en su espectáculo, que llega a su clímax con el caimán patas arriba e inmovilizado. El fenómeno está tan extendido que hay anécdotas sobre animales tan variados como insectos, crustáceos, peces, anfibios, reptiles, aves y mamíferos.

Este estado, conocido como *thanatosis*, normalmente dura unos minutos pero puede mantenerse durante horas. En este tiempo, los animales no responden, sus patas se ponen rígidas, su corazón y su respiración caen en picado y a menudo cierran los ojos como si estuvieran muertos. De repente temina el trance y el animal se levanta, con frecuencia para escapar.

Opuesta ¿Quién hipnotiza a quién? Los movimientos ondulantes del encantador de serpientes parecen hipnosis, pero el animal sólo sigue los movimientos de un depredador potencial.

Aunque hay muchas maneras de inducir la thanatosis, siempre persigue un mismo objetivo: detener a otro animal. La idea de que la gente llega a morirse de un susto puede darnos la clave. Cuando los animales son atacados, su primer instinto es escapar; pero, al ser apresados, la lucha es inútil, sobre todo cuando el fuerte es el animal que los está agarrando.

Al inmovilizarse, la presa aumenta las posibilidades de que el depredador pierda interés y la libere. Permaneciendo quieta también disminuye el instinto del depredador de dar un bocado mortal. Cualquiera que haya observado a un gato jugando con un ratón ha podido ver cómo una estrategia tan simple aumenta las posibilidades de supervivencia de éste. El interés del gato se rige por las acciones del ratón: cuando se mueve, también lo hace el gato; cuando se inmobiliza, el gato responde de la misma manera. El felino puede intentar provocar alguna reacción, por ejemplo, soplando, pero normalmente no lo mata. De hecho, si el ratón sigue sin mostrar ningún signo de vida, el gato se distraerá y le dará al ratón una oportunidad para escaparse.

Hacerse el muerto también es efectivo contra los depredadores como el zorro, que suele enterrar a sus presas para almacenarlas. Se han visto patos escapando de estas despensas algún tiempo después de haber sido almacenados por el zorro. Hacerse el muerto es aún más efectivo contra los depredadores a quienes no les gusta comerse las presas muertas: en ese caso, las olvidan.

La facilidad con la que las fierecillas domésticas se hacen las muertas se debe a su ritmo vital; al atardecer, cuando los depredadores se activan, ocurre más a menudo. Muchos animales, como las zarigüeyas, alardean de este valor de supervivencia al entrar en un trance mortal.

Arriba Se ha visto a los armiños danzar hipnóticamente frente a sus presas, encantándolas. Este comportamiento despierta la curiosidad de las presas por su depredador.

Opuesta arriba Este perro salvaje ha inmovilizado a un ñu agarrándolo por el labio; lo mismo se hace con la cebra y se cree que libera compuestos de opio naturales en los cerebros de los animales.

El juego de las zarigüeyas

Las zarigüeyas de Norteamérica han dado lugar a una expresión muy corriente al hacerse las muertas. Cuando lo amenaza un depredador, este pequeño marsupial trata de impresionarlo con un farol, silbando muy alto y mostrando sus 50 imponentes dientes. Si esto no funciona, prueba otra táctica y actúa: se deja caer hacia un lado y se tumba muy rígido, con los ojos medio abiertos y mostrando el rictus mortal de su boca. Por si esto no fuera lo sufucientemente impre-

sionante, el marsupial defeca y sus glándulas anales emiten un olor fétido: una técnica teatral añadida que da la impresión de que, además de muerta, se empieza a podrir.

Durante su actuación, la zarigüeya permanece consciente, mirando ocasionalmente cómo la audiencia responde a su función. Si es necesario, puede hacerlo durante una hora. Finalmente, cuando ya no hay público, levanta con lentitud la cabeza, vigila que el depredador no esté esperando y escapa a toda prisa hacia la seguridad.

Aunque las zarigüeyas han adquirido su reputación por su teatral muerte, hay otros muchos animales capaces de ganarse un Oscar. Tanto la serpiente europea de hierba como la americana de nariz de cerdo se ablandan al ser atacadas, yacen sobre el dorso y sacan la lengua como si estuvieran muertas. Si están bien situadas, sobreactúan retorciéndose como moribundas. Como las zarigüeyas, su actuación llega al momento estelar al emanar de su cuerpo un fluido pestilente.

La mímica más impresionante es la de la serpiente de madera del oeste de la India; se ovilla herméticamente como si fuera un rollo de cuerda y cubre sus escamas con un fluido que apesta a descomposición. Para completar el efecto, la sangre de las cuencas de sus ojos provoca el enrojecimiento

Abajo El juego de las zarigüeyas. Este marsupial, haciéndose el muerto, consigue confundir al depredador. Éste suele evitar a la presa porque cree que está muerta.

de éstos y, además, sangra por la boca. La serpiente madera de Asia muestra una variante interesante: al cogerla, se queda rígida como un palo.

El hecho de hacerse el muerto al ser atacado también es propio de los invertebrados como las arañas, insectos palo, escarabajos, polillas y ácaros. Curiosamente, la habilidad se ha extendido además a un animal doméstico: existe una variedad de cabra que se desploma con el más pequeño susto. Sus patas se ponen rígidas y se cae al suelo, con las extremidades dirigidas hacia arriba. Un coche veloz, una moto que pasa o una persona que lleva ropa chillona es suficiente para provocar esta reacción. Estas cabras desfallecidas, que exhiben una muestra ejemplar de thanatosis, fueron creadas por los primeros granjeros americanos partiendo de una variante muy selecta. Su inclinación a desvanecerse con la más pequeña provocación ayudaba a proteger los rebaños de ovejas de los coyotes. Las cabras actuaban como reclamo, permitiendo escapar a los rebaños más valiosos. Hoy ya no necesitamos su sacrificio, pero han sido preservadas por diversos grupos de entusiastas por tratarse de una especie rara.

Aunque normalmente la inmovilidad de un animal se debe al ataque de un depredador, hay otras razones por las que se da. Felinos como los leones y los leopardos llevan a sus pequeños asidos por la piel del cuello y éstos se quedan completamente inmóviles al ser transportados. Su inmovilidad ayuda a la madre mientras los traslada a un lugar más seguro. De hecho, los felinos adultos nunca olvidan este instinto, así que en cuestión de momentos se los puede domar con sólo agarrarlos por el cuello.

La razón por la que este comportamiento se reproduce en los felinos adultos posiblemente está conectada a los peligros que acechan a su manada. Para el macho, el momento del apareamiento puede ser arriesgado; la hembra es dominante y a menudo reacciona con violencia a los avances de su pareja. Durante el apareamiento, el macho, al agarrarla del cuello, la torna tan dócil como un gatito. Desafortunadamente, tan pronto como el macho la abandona, su aquiescencia se desvanece y, con frecuencia, el macho acaba con un corte en la oreja a causa de un zarpazo de la hembra.

Los caballos muestran una variedad de dicha paralización. Es posible domar a un caballo salvaje enroscando una cuerda, llamada contracción, sobre su labio superior. No es doloroso, pero se vuelve dócil y aquiescente porque causa que el cerebro libere endorfinas. Los perros salvajes de África usan una técnica similar para subyugar a las cebras de su hábitat: un perro sostiene a la cebra por el labio mientras el resto la mata.

Los muertos vivientes

Una versión más intensa de la hipnosis es el fenómeno de los muertos vivientes, un rito que también tiene su contrapartida en la naturaleza. En la religión haitiana del vudú se cree que un mago negro llamado *boker* tiene el poder siniestro de crear muertos vivientes. El boker realiza un ritual en el que una persona es asesinada y luego resucita en un cuerpo sin alma; después usa a los llamados muertos vivientes como esclavos. Hay quien considera que los poderes del boker son una ficción, pero otros creen que utiliza varios venenos naturales para que estos seres humanos entren en un estado vegetal. Dicen que la pócima mortal se confecciona con las segregaciones de la glándula del sapo bouga, el veneno de los cardadores y las tarántulas, la piel de los venenosas ranas de árbol y el veneno letal de los peces campanas. Se cree que este potente preparado sume a quien lo toma en un estado de coma y, cuando revive, tiene el cerebro tan dañado que ha perdido la memoria y el habla.

El fenómeno de los muertos vivientes tiene un escalofriante paralelo en el mundo animal. La duela parasitaria europea (*dicrocoelium*) pasa la primera parte de su vida dentro de una hormiga y la última dentro de una oveja. Para lograrlo, la duela, como un boker vudú, utiliza a la hormiga. Se introduce en su sistema nervioso y produce un cambio en su comportamiento para que la hormiga trepe hasta el tallo de una hierba; allí pierde la vida al ser comida por una oveja que esté pastando. Así, la duela completa su ciclo vital. Los gusanos, como el de cabeza de alfiler, que parasitan crustáceos que viven en la madera, también convierten a su anfitrión en un muerto viviente, incitándole a abandonar su escondite y a pulular hasta que un estornino se lo come.

Pero el caso más raro de muertos vivientes es el del gusano parasitario *leucochloridium*, hallado en toda Norteamérica y Europa. También cambia el comportamiento de su anfitriona, la serpiente, para que reaccione y se haga visible a los pájaros que cazan; pero, además, tiene una ingeniosa forma de asegurarse de que su próximo anfitrión, el pájaro, capta el mensaje: los parásitos invaden los iris del reptil para transformar la información que reciben en vívidos colores, que hacen que los ojos reflejen un verde intenso. Esta señal avisa a los pájaros y les manda este mensaje: «comedme».

La astrología

De todos los fenómenos paranormales, el que se practica de manera más común en nuestro mundo moderno es la astrología. Nuestra fascinación por las estrellas tiene su contrapartida en el mundo animal.

En los países industrializados, poca gente tiene la oportunidad de contemplar el cielo. Los edificios bloquean gran parte de la visión y un destello perpetuo de luz abruma a la mayoría de las estrellas visibles. Incluso lejos de las ciudades, la polución se solapa con el reflejo de la luz y sus haces enmascaran el espectáculo nocturno. Sin embargo, en las regiones más remotas del mundo todavía es posible compartir la experiencia de nuestros antepasados, quienes cada noche dormían bajo un cielo centelleante de estrellas. Ellos estaban tan familiarizados con cada constelación que de este saber primario nació la creencia en la astrología.

Opuesta Las crías de los leones se vuelven inmóviles cuando se las coge por el cuello; una reacción instintiva les permite ser llevados con facilidad. El mismo gesto calma a las leonas adultas mal dispuestas cuando son montadas por el macho.

Aunque la ciencia rechaza la mayoría de los logros astrológicos, los ritmos del Sol y de la Luna, como veremos en los capítulos 3 y 4, afectan la cotidianidad de la mayor parte de los organismos vivientes. Como los planetas y las estrellas están a distancias mucho más remotas, su influencia es más difícil de aceptar. Pero los estudios hechos en Francia durante la década de los cincuenta establecieron una conexión entre la regencia de diversos planetas y los nacimientos de personas de ciertas profesiones. Los doctores, por ejemplo, tendían a nacer cuando Marte o Saturno estaban rigiendo, y los soldados y los políticos lo hacían cuando Júpiter estaba en su ascendente. Es difícil afirmar que estos resultados prueban una conexión real con los planetas o reflejan algún ritmo cósmico más amplio, pero sugiere que aún hay mucho más por descubrir con respecto a la influencia de los cuerpos celestes.

Hoy, debido a las deslumbrantes luces artificiales que velan nuestro cielo, casi no podemos percibir los movimientos estelares, pero muchos animales todavía viven en un mundo donde las estrellas son una parte integral de sus experiencias nocturnas. No es probable que las utilicen para predecir el futuro, pero seguro que las usan como una guía para sus vidas.

Las aves migratorias dependen de las constelaciones para mantener su curso. Esto se descubrió cuando se confinaron aves en una gran caja sin que pudieran ver el cielo. Las aves se intentaban mover en la dirección normal de sus migraciones, pero sólo lo lograron al ver el campo abierto sobre ellas. Los experimentos realizados en un planetario que mueve una bóveda celeste de modo artificial confirmaron que muchas aves migratorias seguían las estrellas. Los pájaros cantores y los hortelanos índigos cambiaban de dirección de acuerdo con las nuevas posiciones.

Arriba ¿Un astrólogo natural? Los grandes ojos de los makíes son perfectos para contemplar las estrellas, que usan para hallar el camino hacia la estepa africana.

Opuesta Los trazos de las estrellas. Esta fotografía de larga exposición muestra el movimiento de las estrellas mientras la Tierra rota.

Las aves tienen la sensación, por la noche, de que la posición de las constelaciones cambia, y esto se debe a la rotación de la Tierra. Por ello, les es difícil usarlas para orientarse. Los seres humanos que navegan evitan el problema fijándose en una estrella, la Estrella Polar, que se halla en el centro de la rotación celestial. Del mismo modo, las aves parecen orientarse utilizando constelaciones cercanas a esta estrella y, aunque parece increíble, aprenden los movimientos de otras constelaciones como hacen los astrólogos. La habilidad de los pájaros para guiarse mediante las estrellas se agudiza cuando ven todo el firmamento nocturno. Como no nacen con este conocimiento, tienen que experimentar la rotación del mapa celestial durante muchas noches para adquirir la capacidad de orientarse por las estrellas, como si fueran brújulas.

No se conoce la cantidad de animales que utilizan las estrellas, pero sabemos que incluso los ojos compuestos de los cangrejos pueden discernir las que son más brillantes, y parece que las mariposas usan las estrellas para seguir la dirección correcta en las noches de Luna llena. Algunas ranas, como las ranas cricket del sur, se guían también por las estrellas, al igual que muchos mamíferos.

Los makíes poseen una increíble visión nocturna: sus ojos como balones son tan grandes que ocupan la mayor parte de su cabeza y, gracias a una especie de retina que funciona como un espejo, reúnen todos los rayos de luz disponibles. Para ellos, las constelaciones deben ser un espectáculo de luces y las estrellas menores, invisibles para nosotros, deben brillar como láseres. Cuando el macho menor de los makíes busca compañera, usa su mapa estelar a través del firmamento para hallarla.

El makí sólo se siente seguro entre los árboles o la vegetación espesa, pero cuando el macho tiene en mente el cortejo, abandona su refugio y cruza largas y extensas zonas a campo abierto. Para evitar riesgos, el macho da grandes brincos y aterriza como una pelota de goma, reculando al caer. Al rebotar sobre el suelo, puede llegar a subir hasta 5 m en un solo salto. Para los depredadores potenciales como los búhos y los felinos, estos saltarines son casi imposibles de capturar. Aún así, evitan las noches oscuras, restringiendo sus saltos a las noches estrelladas o con Luna. Los machos migran durante varias noches y usan el mapa estelar como guía para virar hacia el Oeste.

Los extraterrestres

En Mali, en las montañas de Homburi, no muy lejos de las de Timbuktu, los bushbabies viven entre la tribu de los dogons. El saber astronómico de esta población parece increíble: conocían la existencia de los «enanos blancos», como los que protagonizan las series B, mucho antes de que los descubriera la astronomía moderna; incluso sabían que la órbita de su planeta de origen estaba a 50 años de distancia. También estaban enterados de la existencia de los anillos de Saturno y del hecho de que Júpiter tenía satélites. Para que los dogons llegaran a saber todo esto, tendrían que haber tenido la capacidad de los bushbabies; pero la increíble explicación sobre estos conocimientos es que lo adquirieron de manos de una extraña raza de extraterrestres, con el cuerpo cubierto de escamas de pez, que venían de un planeta que orbitaba alrededor de una pequeña estrella, como las que aparecen en las series B.

La ciencia tiende a mofarse de la idea de que los extraterrestres han visitado la Tierra, pero ahora son pocos los científicos que creen que la vida no existe en otras partes del universo, y que la vida sobre la Tierra proviene de otros mundos.

La explicación más aceptable acerca de los orígenes de la vida apunta que surgió cuando la temprana atmósfera, sujeta a un bombardeo de radiación cósmica y a tormentas eléctricas, creó una primitiva sopa química de moléculas orgánicas. Con el tiempo, estas moléculas formaron coaliciones más complejas y, en este proceso, comenzó la evolución. A principios de siglo se propuso otra alternativa. Ésta sugería que la Tierra pudo haber sido sembrada de vida desde otra parte del universo. La teoría, conocida como panspermia, proponía que las esporas que resistieron a las duras condiciones del espacio llovieron sobre la Tierra.

Aunque esta teoría tuvo poco apoyo, sabemos ahora que muchos de los organismos de la Tierra se crearon a partir de esporas que pudieron sobrevivir a un viaje espacial. Algunas bacterias y mohos son resistentes a radiaciones ultravioleta extremas, al intenso polvo y al frío extremo encontrados allí. También ha sido calculado que las partículas de ese tamaño, repelidas por el campo magnético de la Tierra y empujadas por el viento solar, podrían haber llegado a Marte en pocas semanas, y a planetas más lejanos en cuestión de escasos años. No sabemos si tuvo lugar un juego de ping-pong interplanetario, con vida yendo de un lugar a otro, pero los albores de la vida de la Tierra son lo suficientemente resistentes como para llevar a cabo este viaje.

Una tesis más reciente sugiere que la vida fue transportada constantemente de la Tierra más allá del sistema solar; la vida, viajera del espacio, utilizó a los cometas, los nómadas cósmicos, como sistema de transporte interestelar. En las colas de hielo de los cometas existían virus que periódicamente caían en la Tierra, creando brotes de enfermedades. La antigua idea de que los cometas presagiaban el destino pronto pareció tener una nueva justificación.

La teoría sobre los cometas nunca más tuvo apoyo, pero análisis recientes del cometa Hale-Bopp muestran que su cola contiene todos los hidrocarbonos y moléculas orgánicas necesarios para generar vida. Parece entonces que hace billones de años los cometas sembraron la Tierra con vida: en efecto, nacimos del polvo de estrellas.

El cosmos nos influencia de un modo todavía incomprensible debido a que desconocemos muchas de las fuerzas que controlan la mayor parte de la vida sobre el planeta; pero estos son asuntos del capítulo 3.

3

FUERZAS OCULTAS

Nuestros antepasados observaban la desaparición de las golondrinas en otoño como uno de los mayores sucesos supernaturales del mundo animal. Aún se habrían impresionado más si hubieran sabido que las golondrinas pasaban el invierno en África y que, en primavera, volvían al mismo granero que habían dejado el año anterior. Estos viajes les habrían parecido imposibles, pues las fuerzas ocultas que guían a las aves en sus milagrosos viajes eran completamente desconocidas para ellos.

El mundo está lleno de fuerzas misteriosas e invisibles que reaccionan con los distintos tipos de vida y que están relacionados con muchos de sus sorprendentes poderes. Pero aún desentrañamos los detalles. Algunas de estas fuerzas tienen un origen cósmico, influenciándonos desde las profundidades al espacio exterior; otras son provocadas por el Sol, bañando nuestros cuerpos con olas invisibles. La Luna proporciona otra influencia oculta; su campo gravitatorio pasa inadvertido a través de nuestros cuerpos, creando ritmos karmánicos en los océanos y en muchos de los organismos de la Tierra.

Nuestros antepasados no dudaban del poder mágico de la Luna, y estaban seguros de que afectaba a la fertilidad y a la salud; tan sólo ahora estamos empezando a comprender la interacción de fuerzas que les daría la razón. En el pasado, la gente también creía que había una conexión entre ciertos vientos enfermizos y una sensación de malestar, y que los animales podían predecir los terremotos. Todas estas creencias sobrenaturales nacieron de la observación, pero la ciencia, después de haber ridiculizado estas sugerencias, ha empezado a desvelar algunas de las fuerzas misteriosas que podrían estar involucradas.

La atmósfera de la Tierra es como un caldero hirviente cociendo una sopa de cargas eléctricas. Éstas se vuelven visibles sólo por un instante cuando un rayo se precipita hacia el suelo, pero su influencia en la vida es mucho más tenue. El planeta también crea sus propias fuerzas locales –algunas gravitacionales, otras magnéticas–, que afectan la vida en la Tierra de un modo igualmente misterioso.

Hemos domesticado algunas de estas fuerzas y las usamos para guiar nuestro mundo tecnológico. Sin ellas, la radio, la televisón, el microondas y el ordenador ni siquiera existirían. Pero aunque ahora entendemos la física que las rige, su impacto sobre los organismos de la Tierra aún se está investigando. Una de las influencias más enigmáticas es el campo magnético de la Tierra.

El imán de la tierra

El mundo es un imán gigante y tiene un polo norte y un polo sur. Este hecho es un regalo celestial para los navegantes, pues, siguiendo las leyes de la atracción magnética, la aguja de una brújula siempre está orientada hacia el polo norte magnético de la Tierra. Los animales migratorios necesitan saber su dirección para mantenerse dentro de su camino; para ello toman también como referencia el campo magnético de la Tierra. Pero, pese a investigación científica de las últimas décadas, no se ha podido determinar el tipo de brújula que usan los animales migratorios como navegantes. Tan sólo ahora empezamos a descubrir algunos de los misterios de este proceso.

El puzzle permanece sin resolverse debido a que utilizan diversos sistemas de navegación. El primero de ellos consta de los mismos cristales de hierro magnetizados, conocidos como magnetita, que los primeros navegantes utilizaron como agujas de brújulas. Los animales crean estrechos cristales de estos diminutos imanes que se esparcen por los tejidos orgánicos. Fueron descubiertos por primera vez en 1975, en unas bacterias que vivían en un sedimento de Woodhole, Massachussets. Estos microorganismos son demasiado pequeños como para verse afectados por la fuerza gravitatoria de la Tierra, pero, sin embargo, durante sus dos horas de corta existencia, utilizan los cristales magnéticos para guiarse a través de los sedimentos. Desde que esto se descubrió, el cristal de magnetita se ha encontrado en casi todas las especies migratorias, incluyendo abejas, mariposas monarca, atunes, roedores y muchas aves.

Las tortugas utilizan estos imanes interiores para cartografiar las migraciones que rigen sus vidas itinerantes. Cuando son crías recién salidas de los huevos, escapan de los numerosos predadores que les dan caza en las arenas de las playas y se sumergen en mar abierto, refugiándose en varias corrientes marinas circulares. A medida que las tortugas crecen, se trasladan a las zonas costeras de alimentación, donde permanecen hasta su madurez; entonces, cuando están listas para la puesta de los huevos, los adultos regresan a las mismas playas que los vieron nacer.

Para poder hacer estos regresos anuales, las tortugas viajan inmensas distancias. Las tortugas verdes viajan 2.400 km desde la costa de Brasil a la remota isla de Ascensión, en el sur del Atlántico, mientras que las tortugas de Kemp, halladas en el Atlántico y el Caribe, se congregan en una misma playa en Méjico. Se requieren excepcionales dotes de navegación para poder encontrar estas porciones de tierra en una vasta extensión de océano, pero las tortugas llegan siempre por la ruta más directa.

Para que nosotros podamos adquirir tal precisión, necesitamos dos puntos de referencia, razón por la que dividimos el globo terrestre en líneas de latitud y longitud. Las tortugas parecen servirse de un sistema parecido, pero basado en dos componentes distintos del magnetismo terrestre. Una referencia detecta la variación de la intensidad del campo magnético, mientras la segunda detecta el ángulo que las líneas de fuerza

Anterior
En las tormentas eléctricas se ven algunas de las fuerzas más elementales de la naturaleza. Éstas, al igual que otras fuerzas ocultas, ejercen influencia sobre la vida de muchas criaturas.

magnética forman con la Tierra. Combinando esta información, las tortugas crean un mapa cuadriculado que las informa de dónde se encuentran en todo momento.

Visión magnética

Nuestra visión depende de los pigmentos en los conos y bastones de nuestra retina ocular, que reaccionan cuando son iluminados con luz exterior. De un modo sorprendente, los pigmentos fotosensibles de la retina de las aves se ven afectados también por los campos magnéticos. Los petirrojos europeos, los de ojos plateados australianos, los pájaros bobos americanos y las palomas han mostrado poseer un sistema magnético que necesita luz para ser operativo. Lo más probable es que la mayoría de aves comparta esta extraordinaria capacidad de detectar el campo magnético terrestre.

La información magnética probablemente aparezca en la visión del ave en cuestión como dos manchas brillantes o con un código cromático, indicando las posiciones del Norte y Sur magnéticos. Este sistema de orientación necesita luz de un determinado color para que funcione correctamente, y algunos pájaros, como los petirrojos de ojos plateados, quedan completamente desorientados bajo la luz roja.

Se dice que las aves usan ambos sistemas; la percepción visual del magnetismo como una brújula, mientras que la magnetica les da información relativa a la posición.

Los tritones tienen su versión del sistema magnético visual para encontrar el camino de regreso a sus charcas. Sus sensores magnéticos se encuentran en el «tercer ojo», conocido como pineal (Capítulo 2). Una de las funciones de la glándula pineal parece ser la de percibir los cuatro puntos de una brújula, percibidos por el tritón como cuatro manchas luminosas. Debido a que el sistema depende de la luz, éste puede ser confundido fácilmente mediante focos de luz artificial, que crean una especie de misterioso distrito rojo para los tritones mujeriegos, trasladando 90 grados en el sentido de las agujas del reloj su sentido de la orientación y alejándolos de sus estanques.

Navegación electrónica

Tiburones y rayas utilizan otro sistema de navegación. Como vimos en el capítulo 1, los tiburones tienen los receptores eléctricos más sensibles del reino animal, que utilizan para definir los contornos del cuerpo de su presa. Parece que también los usan para detectar el campo magnético de la Tierra, mediante el mismo principio que una dinamo eléctrica. Su funcionamiento es el siguiente: crean electricidad cuando una bobina o un alambre girando en un campo magnético induce una corriente eléctrica. Asimismo, el movimiento de un tiburón a través del campo magnético terrestre induce una corriente eléctrica en sus sensores. Este efecto de dinamo permite al tiburón detectar las variaciones del magnetismo terrestre. Para mejorar su efectividad, la cabeza de algunas especies se ha convertido en un enorme órgano sensorial.

Se cree que la peculiar forma de la cabeza del pez martillo mejora la percepción de los campos magnéticos de la Tierra al expandir sus receptores eléctricos en una amplia extensión de sensores. Estos peces suelen reunirse en áreas de alta intensidad magnética.

El extravagante diseño de la cabeza del pez martillo intrigó a los científicos durante tiempo. La explicación más convincente del motivo de este diseño es que actúa como un sensor magnético mejorado. Al expandir el tamaño de su cabeza convirtiéndola en un martillo aplastado, el tiburón incrementa la distancia entre sus receptores eléctricos, amplificando su sensibilidad de las variaciones en el campo magnético. El método característico de nado de los tiburones, que incluye mover la cabeza de lado a lado, podría también servir como una amplificación de cualquier información magnética. Así pues, si el pez martillo tiene un sentido tan desarrollado, ¿qué detecta?

El campo magnético de la Tierra está distorsionado por numerosas fuentes locales de magnetismo. Estas variaciones son particularmente intensas donde la lava fundida ha aflorado a través de grietas y fisuras en el suelo oceánico. Aquí, concentraciones elevadas de materiales magnéticos crean terraplenes, cordilleras y valles de fuerzas magnéticas. Estas variaciones locales de la fuerza magnética no tienen una forma física, pero si se cartografiaran serían similares a los contornos de altitud. Los tiburones parecen ser capaces de interpretar estas variaciones sutiles.

En el Mar de Cortés, cerca de Méjico, bancos espectaculares de peces martillo se congregan alrededor de túmulos magnéticos, usándolos como lugar de reposo durante el día. De noche, se aventuran fuera de estos lugares de encuentro hacia terrenos de caza en busca de calamares. Mientras viajan, siguen caminos señalados magnéticamente, marcados sólo por pequeñas variaciones de la intensidad magnética.

Aunque carecen de receptores eléctricos, los mamíferos marinos, tales como ballenas y delfines, también parecen ser sensibles a estas carreteras magnéticas invisibles. Lo que suceda cuando las ballenas se desvían de su camino podría explicar uno de los mayores misterios del mundo animal.

Cada año entre una y dos mil ballenas pierden la vida al embarrancar en las costas. Este fenómeno sucede sólo en unas pocas especies, tales como cachalotes, ballenas piloto y orcas, y algunas de las ballenas picudas. Pero todas estas especies tienen una cosa en común: viven en grupos de gran cohesión social; así pues, si el líder embarranca en una playa, las otras trágicamente le siguen. Sus fuertes vínculos de amistad aparentemente superan cualquier deseo individual de salvación.

Una combinación de factores parece ser el resultado de estos extraños sacrificios, y la mayoría de las explicaciones incluyen algún tipo de accidente de navegación. Las especies costeras, familiarizadas con el medio ambiente local, es poco probable que se pierdan, por lo que una enfermedad o una infección en el oído interno es la explicación más plausible para sus suicidios colectivos. Pero las especies de alta mar, menos familiarizadas con las aguas poco profundas, pueden cometer fácilmente errores fatales de navegación. Su sonar puede ser confundido con playas largas e inclinadas, aunque el fallo puede estar en su sistema de navegación magnética.

Las encalladuras suelen ocurrir en playas donde las carreteras magnéticas se adentran en la costa. Las ballenas, igual que los peces martillo, posiblemente usan las líneas magnéticas para guiarse en el océano. Mientras viajan siguiendo la línea de la costa, pueden darse cuenta demasiado tarde de su error, cuando las aguas son tan poco profundas que no les permiten darse la vuelta y escapar de una muerte segura.

Tormentas solares

Otro suceso que parece preceder los encalles de las ballenas tiene lugar a más de 150 millones de kilómetros de distancia, en el Sol, y tiene los mismos efectos catastróficos para la navegación humana.

El Sol está en un estado permanente de flujo magnético, con máxima actividad cada once años. Al estar más activo, las manchas solares aparecen en su superficie y se proyectan tormentas solares en el espacio. Unas partículas cargadas eléctricamente, los protones y electrones, son lanzados a la Tierra y, al alcanzar el campo magnético, crean unas violentas perturbaciones magnéticas: las tormentas geomagnéticas.

Los efectos de estas tormentas pueden ser dramáticos. Los rayos cósmicos crean cargas estáticas que estropean, e incluso destruyen, los satélites artificiales, y al alcanzar la atmósfera alteran las comunicaciones por radio. Pueden inducir corrientes en líneas eléctricas, causando el colapso de la red eléctrica, o fundir chips informáticos, averiando los sistemas. También pueden desviar las brújulas, enloqueciendo los sistemas humanos de navegación. En los animales migratorios generan el mismo caos.

Cuando hay tormentas solares electromagnéticas, los palomos pueden fallar en su regreso a casa y las aves migratorias quedar muy confundidas, volando hacia el mar. Bajo el océano, también da la sensación de que las ballenas se desorientan inexplicablemente. Parece que dependen de las variaciones rítmicas diarias del campo magnético de la Tierra para instalar su reloj corporal y, al interferir las tormentas solares con su pulso sincronizado, les es difícil saber dónde están, posibilitando el desastre.

La aurora

Las tormentas magnéticas suelen ser invisibles, pero a veces hacen que la atmósfera cree el más espectacular show de luces de la Tierra. La Aurora boreal y la Aurora austral, conocidas como las «luces» del Norte y del Sur, son fantásticas exhibiciones creadas cuando partículas cargadas procedentes del Sol descienden hacia el campo magnético terrestre y chocan con los átomos de la atmósfera. El bombardeo lanza electrones que se estrellan contra partículas de gas, creando un asombroso espectáculo en tecnicolor de cortinas de luz oscilante. Esto se ve más a menudo en las latitudes más al norte o más al sur, donde el campo magnético es mayor; pero al entrar en erupción las perturbaciones solares, las tormentas geomagnéticas desplazan la Aurora hacia latitudes más cercanas al ecuador.

Las mismas partículas de energía, expelidas por el Sol en una tormenta solar, bailan
dentro de cada molécula de aire. Los protones cargados con energía positiva se refu-
gian en su núcleo; rodeándolas, como los planetas en un sistema solar, están los electrones cargados con energía negativa. Las dos cargas se cancelan la una a la otra, pero
algunas veces un electrón queda aislado, dejando la molécula con una carga positiva.
Si este electrón se une a otra molécula, le da una carga negativa. Estos dos tipos de
moléculas desequilibradas energéticamente, las positivas y las negativas, son llamadas
iones. Éstos se encuentran en pequeñas concentraciones en el aire, aunque influyen
la vida de un modo que aún no comprendemos del todo.

El aire suele tener un número algo mayor de iones positivos, pero al cambiar sus
concentraciones relativas produce un notable efecto sobre el bienestar de los seres
vivos. Los iones positivos influyen negativamente sobre la salud, mientras que los negativos dan una influencia positiva. La gente expuesta a iones negativos mejora tanto
en salud como en estado físico, y pacientes con depresión estacional mejoran.

Aunque los iones en las capas altas de la atmósfera se forman por la acción de un bombardeo cósmico, los de las capas bajas se crean a causa de la fricción de las moléculas, que libera electrones. La principal causa que provoca esta fricción es el viento. Los vientos secos, como el Mistral en Francia, Ana en California y el Chinook en Canadá, crean gran número de iones positivos y, cuando estos vientos soplan, el malestar generalizado suele afectar a una gran parte de la población. El agua en movimiento crea el efecto contrario al absorber los iones positivos y preservar los iones negativos; así, las cascadas y las playas con olas rizadas son ricas en iones negativos, lo que parcialmente explica que éstos sean lugares refrescantes para unas vacaciones.

Apenas se comprende el efecto de los iones en el cuerpo; los iones positivos parecen disminuir la frecuencia de los pelos delgados, los cilios, extrayendo las impurezas de nuestros pulmones. Incluso parecen hacer decrecer la frecuencia respiratoria, reducir el suministro de sangre a la tráquea y modificar la liberación de serotonina, la hormona responsable del ciclo de sueño. Altos niveles de iones positivos incrementan las concentraciones de serotonina, haciéndonos sentir somnolientos y deprimidos.

Debido a que los iones son pegajosos, se adhieren a las partículas del aire, haciendo que el polvo y el polen caigan al suelo, con lo que los alérgicos respiran con más facilidad. Los iones negativos también se pegan a bacterias que se han originado en el aire, "limpiándolas" efectivamente del aire, igual que limpian el aire de virus. Los nacidos en un ambiente bajo en iones son más susceptibles a infecciones víricas debido a la influencia de éste, como probablemente nos ocurre a nosotros.

En el aire con polución, un exceso de partículas vacía el aire de todos sus iones, creando ésta dañina condición. Plantas como la cebada, las avellanas y los pepinos crecen mejor en aire sobrecargado de iones, ya sean éstos positivos o negativos, pero languidecen rápidamente en aire que esté libre de ellos. Varios males de la población urbana pueden deberse a esta alteración del equilibrio iónico natural del aire.

Sólo percibimos el efecto de los iones indirectamente, pero es posible que las serpientes hayan desarrollado un sistema para detectarlos en el aire. Desliza la mano por una carpeta en un día seco y verás cargado de energía estática, hecho que se hace evidente al tocar un armario de metal: el resultado es una repentina descarga eléctrica. En la naturaleza es difícil que un animal cree estas cargas estáticas, pues su piel, plumaje o cerdas actúan como puntos de descarga eléctrica. Pero, debido a que su piel está seca y aislada, los reptiles son distintos. A la vez que las serpientes se deslizan sobre el suelo, pueden adquirir una carga electrostática de 1.000 voltios, simplemente con la fricción. Deben utilizar esta carga para desarrollar un buen uso sensorial.

La lengua bífida de las serpientes, símbolo de duplicidad y engaño, hizo que se creyera que eran capaces de utilizarla para producir picaduras venenosas. En realidad, este inofensivo órgano sensorial «saborea» el aire y arrastra consigo las partículas en

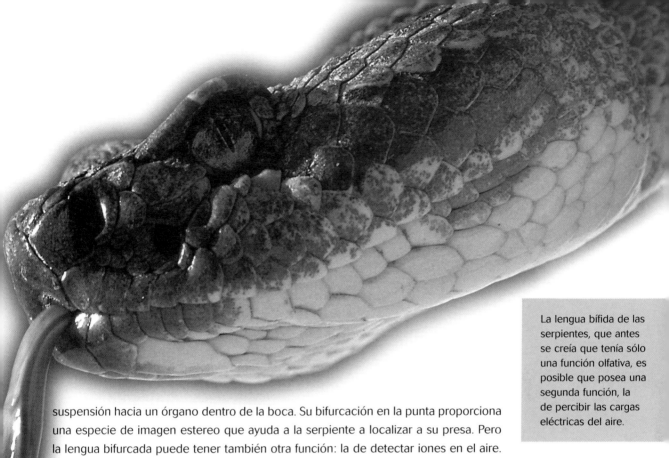

La lengua bífida de las serpientes, que antes se creía que tenía sólo una función olfativa, es posible que posea una segunda función, la de percibir las cargas eléctricas del aire.

suspensión hacia un órgano dentro de la boca. Su bifurcación en la punta proporciona una especie de imagen estereo que ayuda a la serpiente a localizar a su presa. Pero la lengua bifurcada puede tener también otra función: la de detectar iones en el aire.

Debido a las cargas positivas que se han creado en la serpiente, las terminaciones de la lengua se ven afectadas por cualquier carga negativa en el ambiente (es el mismo efecto por el que una comba que se haya usado recientemente, cargada con energía estática, atrae el pelo hacia ella). Los iones positivos en el aire provocan que las terminaciones sensoriales de la lengua sean repelidas. Las serpientes podrían utilizar esta información para detectar concentraciones de iones en el aire procedentes de las emanaciones de aire viciado, ya sea a causa de la respiración de su presa o de elementos del medio ambiente, tales como vegetación o agujeros en el suelo.

Si la teoría es correcta, los movimientos bruscos de la cola de la serpiente de cascabel podría tener más de un uso. Ésta agita su cola como advertencia cuando se enfrenta a mamíferos grandes como bisontes y humanos. También parece actuar como si fuera un generador estático, creando cargas electrostáticas positivas. Este debe ser un sistema refinado que, en otras serpientes, depende de la fricción con el suelo.

Campos eléctricos

En este siglo, hemos añadido a la naturaleza una cacofonía eléctrica con inventos que generan campos electromagnéticos de alta intensidad, y éstos tienen un efecto sobre los animales que se cruzan con ellos. Si una criatura pasa cerca de cualquier aparato eléctrico, se induce un pequeño campo eléctrico dentro del cuerpo del animal. En experimentos, ratas y ratones evitan campos de alto voltaje, y los hámsters que viven cerca de una fuente de energía de alto voltaje se trasladan a otro lugar. Las más nota-

bles fuentes de electricidad en el campo son las líneas eléctricas de alta tensión, que parecen crear un escudo de fuerza invisible que pocos pájaros cruzan. Aunque las aves chocan con las líneas de bajo voltaje, los accidentes en las de alto voltaje se limitan a cuando la corriente eléctrica es detenida para realizar obras de mantenimiento.

Las abejas son muy sensibles a las cargas eléctricas. Todo su cuerpo está cargado con energía negativa. Este hecho es explotado por las flores, cuyo polen cargado positivamente se puede adherir a cualquier abeja visitante gracias a las fuerzas opuestas que se atraen entre sí. Si las colmenas son colocadas bajo unas líneas de alta tensión, los habitantes forman un enjambre y se trasladan pronto; las que permanecen producen menos celdas de alimento y en invierno mueren más abejas. De hecho, las abejas suelen odiar todos los campos electromagnéticos y desatarán su rabia sobre cualquier instalación eléctrica. Pero esta aversión no es universal; al menos una especie reacciona hacia la electricidad de un modo más positivo.

En los años treinta, un grupo de hormigas de fuego sudamericanas llegó al puerto de Alabama, donde unas diez hembras fecundadas desembarcaron. Como cada reina puede crear una colonia de cerca de 300.000 obreras, este grupo fundacional se convirtió en una plaga que rápidamente sobrepobló los estados del sur. Aunque pequeñas, estas hormigas son feroces asesinas y atacan viciosamente a sus víctimas con picaduras venenosas. Pájaros jóvenes, reptiles, roedores, e incluso cervatillos, sucumben a sus ataques frenéticos. Para nosotros, una sola picadura es molesta, pero en sólo seis segundos miles de hormigas cubren una pierna, y, al atacar, pican al unísono. El resultado es una sensación agónica de ardor que dio su nombre a las hormigas de fuego. Estos ataques se intensificaron cuando las hormigas hallaron un hogar entre la población humana. Es entonces cuando desarrollaron una extraña predilección por las instalaciones eléctricas.

En su búsqueda, rápidamente invadieron aires acondicionados, sistemas telefónicos y conductos de cables eléctricos. Crearon enjambres alrededor de cables, puntos de contacto, fusibles e interruptores, haciendo fallar los equipos y causando fuegos y cortocircuitos. A su paso, producen desastres al averiar los controles de semáforos y coches. En los aeropuertos causan aun más peligro al apagar las luces de la pistas. Se desconoce porqué se sienten tan fascinadas por la electricidad, pero debido a sus sabotajes electrónicos, estas hormigas se convierten en la peor pesadilla de las má-

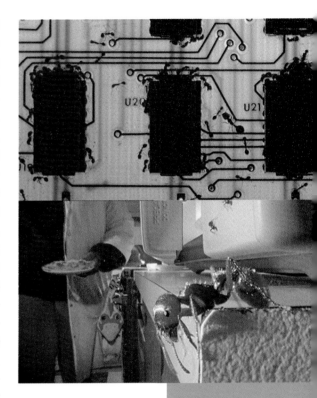

Arriba La electricidad es una atracción irresistible para las hormigas de fuego sudamericanas. Pueden causar estragos, invadiendo conductos y cables eléctricos, pues sobreviven a ser «cocidas» en un horno microondas.

Opuesta Las torres de alta tensión crean un campo de fuerza invisible; las aves evitan posarse sobre ellas o volar bajo los cables. Las plantas, sin embargo, crecen mejor bajo estas torres.

quinas. Los ordenadores les han proporcionado otro sitio donde crear devastación. Todavía continúan produciendo estragos en los estados más meridionales de los EEUU.

Estas hormigas poseen otra sorprendente habilidad: pueden ser «cocinadas» en un horno microondas sin verse amenazadas. El que sean invencibles se debe en parte a su tamaño. Las microondas en un horno tienen una longitud de onda de 13 cm. Éstas fluyen alrededor de la pequeña hormiga al igual que hacen las olas del mar alrededor de un escollo, y luego se reforman. Otra razón es la actividad frenética de las hormigas, pues las microondas están lejos de ser uniformes y las hormigas parecen ser capaces de esquivar cualquier fuente de calor antes de ser dañadas.

Nos percatamos de las fuerzas eléctricas naturales sólo cuando estallan las tormentas y caen los rayos. La liberación de estas fuerzas ha sido considerada sobrenatural. Efectivamente, parecen tener una influencia oculta sobre muchas formas de vida.

Los rayos se producen cuando las cargas de electricidad estática se generan dentro de nubes de tormenta. La base de la nube se carga negativamente y, a medida que la nube se desplaza en el cielo, la tierra de abajo se carga positivamente. Las cargas se mantienen separadas como en una pila gigantesca hasta que una descarga ioniza el aire de alrededor y se vuelve visible en la forma de un rayo. Aunque vemos un solo flash, en realidad una descarga inicial actúa como el marcador del camino que deben seguir hasta cuarenta descargas más, que se producen en un cuarto de segundo.

Se cree que las plantas detectan la actividad eléctrica creciente en una tormenta y cambian el metabolismo para potenciar sus mecanismos biológicos. Tras una tormenta eléctrica, césped y arbustos están verdes y ubérrimos, con un aspecto distinto si hubieran sido regados. Esto sugiere que la tormenta crea como una alquimia eléctrica dentro de las plantas. El secreto puede estar en iones de calcio cargados de energética que actúan como mensajeros, estimulando las encimas del crecimiento.

Profetas del tiempo

Las plantas y los animales son tan sensibles a los cambios climáticos que, antes de existir los sistemas computerizados de predicción, su comportamiento era, para mucha gente, la única guía: tanto si las vacas se estiraban en los pastos antes de una tormenta como si las bandadas volaban alto cuando hacía buen tiempo. Se formó una vasta cultura popular para interpretar el comportamiento de los meteorólogos naturales. En Provenza, los campesinos guardaban ranas en jarras de cristal para que su croar advirtiera de la lluvia y, por toda Europa, la gente observaba la actividad de las plantas para conocer los cambios del tiempo. La pimpinela escarlata fue conocida como el barómetro de los pobres debido a su capacidad de predecir la lluvia. Como las caléndulas, enredaderas y cardos borriqueros, mantiene los pétalos cerrados si hay una precipitación inminente. Otras plantas, como la acedera y el trébol, reaccionan cerrando sus hojas. Algunas plantas tienen reacciones más complejas ante los cambios climáticos: si las flores de los cardos siberianos se cierran por la noche quiere decir que el próximo día hará buen tiempo; si están abiertas, se acercan lluvias.

Se cree que estas «plantas climáticas» son sensibles a una combinación de temperatura, humedad y luz, pero, cuanto más entendemos la sensibilidad eléctrica de las plantas, parece involucrada también una respuesta a las cargas eléctricas del aire.

Muchos animales necesitan ser meteorólogos. En Nueva Zelanda, las orugas de las polillas porina viven una existencia subterránea, saliendo al exterior sólo de noche para cortar briznas de hierba y llevarlas a sus madrigueras de seda. Las breves vidas de los adultos coinciden con una época de clima cálido, lluvioso y neblino; las polillas entonces se unen en vuelos nupciales en el cielo nocturno, copulan, ponen sus huevos y mueren. No está claro cómo saben cuándo deben emerger: puede que sean capaces de percibir la caída de la presión barométrica si un frente de bajas presiones se acerca, o puede que detecten cambios en el balance de los iones del aire.

De un modo opuesto, las polillas bogong de Australia viven muchos meses como adultos. Pero como también sufren cambios estacionales muy marcados, deben convertirse en aventajados meteorólogos. Para evitar el calor abrasador de las tierras bajas, donde pasan su existencia como orugas, viajan miles de kilómetros hacia un frío refugio en los Alpes australianos. Allí, millones de ellas pasan el verano, apiñadas en grietas y cuevas de las estribaciones de granito, saliendo a la superficie al anochecer en grandes enjambres sólo para congregarse en un vuelo arremolinado. Para alcanzar su refugio alpino, necesitan predecir la llegada de frentes fríos que se muevan en dirección sudeste llevándolas hacia sus tierras de descanso estival. Como las polillas porina, deben ser capaces de detectar los cambios de la presión barométrica o iones en el aire para poder realizar sus predicciones, pero aún nadie lo sabe con certeza.

Aunque ha sido difícil determinar si los insectos poseen un sentido barométrico, algunos animales sí parecen observar el clima de este modo.

Los murciélagos que viven en cuevas bajo tierra tienen un problema. Al descansar en condiciones de temperatura y humedad constantes, no saben qué tiempo hace en el exterior. Su secreto se basa en detectar cambios de presión atmosférica, utilizando una especie de barómetro interior, en el oído medio, conocido como órgano vital. Al mismo tiempo que saben cuándo emerger, los murciélagos de Norteamérica parecen ser capaces de predecir el comportamiento de las polillas que cazan. Conociendo la presión atmosférica, parecen saber cuándo las polillas vuelan por la noche, e incluso a qué altura pueden encontrarse. Este sentido barométrico tiene aun otra función; el murciélago sabe exactamente a qué altura está del suelo en todo momento.

Un sistema barométrico similar se encuentra en el oído de las aves. Si nosotros poseyéramos la sensibilidad de una paloma o un pato, sabríamos en qué piso de un edificio estamos por detectar cambios de presión. Sin ver en las nubes, las aves migratorias son tan sensibles a la altitud que pueden volar en corredores de aire de sólo 20 m. de alto. Además de usarlo como altímetro, este sentido les ayuda a predecir el tiempo.

Rápidas caídas en la presión atmosférica preceden muchas tormentas invernales y, al detectar este bache, los pájaros pueden prepararse para lo que vaya a venir. Los jilgueros americanos y los carboneros sibilinos reaccionan yendo hacia una expedición para alimentarse y almacenar energías necesarias para superar el mal paso.

Para las aves migratorias, una predicción errónea puede ser fatal. En primavera, las del hemisferio norte sólo alzan el vuelo si las temperaturas suben, la presión baja y sopla viento del sur. En otoño, las condiciones opuestas provocan el regreso. En ambas estaciones parecen conocer antes cuándo está cambiando el tiempo a su favor.

Algunas aves muestran un sistema más complejo de patronos migratorios y utilizan sus habilidades meteorológicas para planear un trayecto que se aproveche de los vientos más favorables. Las currucas de cabeza negra hacen un viaje de migración de 4.000 km que las lleva de la costa este de Norteamérica hasta Sudamérica. Inicialmente, se benefician de un viento que sopla en dirección sudeste y que parece que las conduzca hacia un destino peligroso a mar abierto sobre el Triángulo de las Bermudas. Son rescatadas por los vientos alisios, que las llevan hacia el mar Caribe y Sudamérica.

Opuesto La mariquita naranja es una aventajada meteoróloga; confunde a los expertos al predecir con gran exactitud la severidad del invierno próximo.

Abajo La gallina *mallee* es un termómetro viviente. Con su pico comprueba la temperatura del montículo de vegetación putrefacta donde incubará sus huevos.

Ayudados por estos vientos favorables, las currucas realizansin ningún descanso un vuelo de 86 a 90 horas seguidas.

En Australia, los pájaros pueden detectar los cambios climáticos que llevan la vida al árido desierto interior. Allí, las sequías pueden durar años, pero cuando la lluvia cae lo hace espectacular y torrencialmente. Los lechos secos se convierten en ríos poderosos y los lagos cubren las depresiones del terreno. Con el diluvio llega la vida. Moscas, pulgas de agua, chinches de agua y camarones salen de los huevos para crear una rica y animada sopa de criaturas acuáticas. Las ranas salen de los capullos donde reposaban para alimentarse de la abundancia y luego poner los huevos en los nuevos estanques. Casi milagrosamente, los pájaros parecen saber que esta abundancia ha llegado. Los patos de agua, que necesitan aguas poco profundas, son los primeros en ir; los patos buceadores, cisnes negros y garzas reales los siguen al momento. Muchos habrán viajado miles de kilómetros para alcanzar estos ríos y lagos efímeros. Cómo saben los pájaros la existencia de estas fuentes de agua es un misterio, pero su capacidad para medir los cambios de la presión atmosférica debería darnos una respuesta.

Pueden estar respondiendo también a infrasonidos de baja frecuencia (Capítulo 1). El mal tiempo envía advertencias en forma de infrasonidos, permitiendo a los animales que puedan oírlos convertirse en meteorólogos. El estruendo de un trueno es la parte del sonido de frecuencia más elevada, pero hay infrasonidos que viajan a mayor velocidad. Las turbulencias del aire, agitadas por las nubes de lluvia, también generan infrasonidos. Estos sonidos podrían servir de pistas para los aviadores profetas del tiempo.

Australia es el hogar de un peculair ave del tiempo: un ave con un termómetro en su pico. En lugar de hacer un nido, la gallina *mallee* construye una incubadora. Primero excava un agujero, de unos cinco metros de ancho y uno de profundidad, que llena de vegetación en estado de descomposición y cubre de arena. Entonces, a los pocos meses, la hembra hace una puesta en las hojas podridas del centro. El calor que produce la descomposición de las plantas incuba los huevos, pero, para regular la temperatura, el pájaro continuamente ajusta la cantidad de vegetación que los cubre. El pico actúa como un termómetro y, enterrándolo en el montículo, el pájaro puede comprobar la temperatura. Mediante esta precisa observación, mantiene los huevos a una temperatura constante de 34ºC. La gallina *mallee* también parece ser capaz de predecir el tiempo, haciendo cambios en el túmulo horas antes de que cambie el tiempo.

Las mariquitas futurólogas

A pesar de que conocemos algunos de los métodos que los animales pueden usar para predecir el tiempo, aún quedan muchos secretos por desvelar. Algunos de los más intrigantes incluyen predicciones a largo plazo. Los animales que parecen conocer lo que les depararán las estaciones venideras poseen capacidades que envidiarían hasta los meteorólogos modernos. Uno de estos clarividentes más estudiados es la mariquita.

Como otras mariquitas británicas, la mariquita naranja hiverna siendo adulta: cientos de ellas se agrupan en un mismo escondrijo protector. Estos sitios los preveen ya en otoño. Sus preferidos son entre los detritus de la hojarasca, pero aquí las mariquitas tienen un alto riesgo de micosis, por lo que eligen estos lugares sólo si preveen que el invierno va a ser duro. Cuando creen que el invierno será suave, optan por lugares más saludables y localizaciones menos expuestas. Esto determina por qué es importante para ellas la capacidad de predecir la crudeza del próximo invierno, ya que durante los diez años que ha sido estudiado este fenómeno nunca se han equivocado.

Ello casi desafía las creencias de los científicos acerca de la capacidad de las mariquitas para llegar a dominar algo tan caótico e impredecible como es la predicción del tiempo; pero la realidad del comportamiento de estas voladoras provoca algún escepticismo. Nuestros antepasados, en cambio, no tuvieron problemas en creer en los poderes de las mariquitas, pues incluso aceptaban que los frutos de los árboles podían producir una dura coraza cuando el invierno se preveía crudo para evitar una posible destrucción del fruto. Además tenían fuertes creencias sobre la influencia de la Luna en los cultivos. Estas creencias también tratadas por la comunidad científica con escepticismo se ha demostrado ahora que tienen una base real.

El poder lunar

Los antiguos aceptaban los poderes de la Luna: se construyeron templos para observar sus órbitas, y creían que controlaba la fertilidad de todas las formas de vida. También se vinculaba a la locura: el término latino *Luna* dio origen a la palabra lunático. Además se creía que la Luna influenciaba el crecimiento de plantas y árboles, y los cultivos se plantaban según sus fases. Aún desconocemos qué se oculta tras estas antiguas creencias.

La Luna es sorprendentemente pequeña; el total de su superficie no es mayor que la de África. Pero, comparada con el Sol, está relativamente cerca de la Tierra, por lo que su influencia no es proporcional a su tamaño. La Luna es en realidad un satélite mantenido en órbita gracias al campo gravitatorio de la Tierra. El resultado más obvio de esta «guerra de gravedades» es el ritmo de las mareas.

Mientras la gravedad de la Tierra atrae a la Luna crea dos olas en los océanos, una en el lugar más cercano a la Luna y el otro en el opuesto; y al realizar la Tierra su movimiento de rotación, estas olas se mueven a través del globo, creando un ciclo que se repite dos veces diarias. Las criaturas más afectadas por el ritmo de las mareas son las que viven en la zona en que interaccionan la tierra y el mar. Esta zona delimitada por las mareas se expone al calor sofocante del Sol o se inunda por las rompientes olas. Para poder sobrevivir aquí, sus habitantes deben predecir cambios violentos.

En las marisquerías, los animales de los acuarios siguen manteniendo el mismo ciclo de actividad que cuando se hallan en su hábitat natural, incluso cuando son desplazados miles de kilómetros. Comportándose como si estuvieran a salvo enterradas en la arena, las ostras vivas abren sus conchas cuando llegan las mareas a su lugar de origen, y las mantienen cerradas, para evitar la deshidratación, cuando éstas se retiran. Las navajas escupen agua a camareros desprevenidos cuando las mareas de su hábitat original se retiran y ellas muestran un comportamiento que las entierra en la arena del acuario para no quedarse expuestas a la intemperie. Cuando las mareas del lugar original de una venera alcanzan el mínimo, ésta cierra sus conchas y, como muchas especies, danza un baile acuático que en teoría la transportaría por las corrientes marinas. Las langostas y los cangrejos, atrapados en el mismo restaurante, siguen manteniendo el comportamiento propio de un lugar que no volverán a ver jamás.

El secreto del sentido temporal de los mariscos está basado en un reloj interno sincronizado con el ciclo de las mareas. Muchos de los animales que viven entre los límites de las mareas, como camarones y cangrejos, tienen también otro reloj corporal que late a un ritmo diario, e incluso un tercer reloj que mantiene constancia de otro ciclo de mareas: el de las mareas vivas y las mareas muertas.

Aunque el influjo gravitatorio del Sol es 26 millones de veces mayor que el de la Luna, la gran distancia a la que se halla de la Tierra mengua su influencia gravitacioinal a la mitad de la de la Luna. Pero debido a la interacción de las dos fuerzas, se crean las variaciones bimensuales del alcance de las mareas. En Luna llena y Luna nueva, el Sol y la Luna se alinean con la Tierra, sumando sus atracciones gravitacionales para crear las mareas vivas. En cuarto creciente y cuarto menguante, el Sol y la Luna forman un ángulo recto con la Tierra como vértice, resultando en mareas de poca intensidad. Muchos animales miden sus vidas por este ciclo mensual o bimensual.

En verano, en las costas de California, pequeños peces de río plateados, los grunions, encallan periódicamente en la arena en lo que parece una masiva conducta suicida. En un principio, un pez cabalga una ola, pero gradualmente el número de se incrementa hasta que la playa es una masa de relucientes cuerpos retorciéndose. Estos «peces fuera del agua» embarrancan por un buen motivo: la puesta de huevos.

Cada hembra que cabalga las olas hacia la playa puede estar acompañada por un total de ocho machos. Si estos surfistas coinciden con su expectación, la hembra embarranca lo más adentro posible de tierra, llevándose a los machos consigo. Mientras éstos la rodean, la hembra arquea su cuerpo, sacude su cola e introduce la parte posterior de ésta bajo tierra; mientras hace la puesta, el macho fertiliza los huevos. La siguiente ola recoge a la pareja y la devuelve al océano, al mismo tiem-po que entierra los huevos a unos 30 cm de profundidad. Protegidos por esta manta blanca, los huevos se desarrollan hasta que las crías son liberadas en la siguiente marea viva. Este

Opuesta Los cangrejos, como todos los seres marinos costeros, se ven afectados por el flujo y reflujo de las mareas. Su organismo es capaz de establecer las horas de este ciclo diario y el ritmo bimensual de las mareas vivas y las mareas muertas.

suceso está coordinado por el ciclo de las mareas, y tiene lugar durante tres o cuatro noches después de las mareas asociadas a la Luna nueva.

Muchos otros organismos marinos muestran una reproducción sincronizada de un modo similar. El caso más conocido es el del gusano palalo de Samoa y Fidji, que se congrega en grandes grupos en el último cuarto de Luna de octubre y noviembre. Durante la mayor parte de sus vidas, estos parientes tropicales del gusano palalo viven en las grietas del coral, pero al percibir la llamada lunar, la parte trasera de los gusanos se rompe y se encamina a mar abierto. Poco después, el océano está vivo debido a múltiples cuerpos que se retuercen. Y algo extraño sucede: sus cuerpos explotan, liberando huevos y esperma en el mar. Al desovar en masa, los gusanos garantizan la fertilización y gracias al elevado número sacian a los depredadores.

La influencia de la Luna en la sexualidad es obvia en los océanos, y afecta a seres terrestres de un modo similar. Mientras que los animales marinos perciben el influjo de la Luna según los cambios en la presión del agua, para los terrestres la variación de la luminosidad de la Luna es más importante. Incluso aunque ésta sea 300.000 veces menor que la del Sol, usan esta indicación para regir sus vidas.

En el lago Victoria, en África del este, las ninfas de moscas forman enjambres dos días después de que el plenilunio les envíe una señal para salir de las crisálidas, vuelan sobre las aguas y crean nubes negras ondulantes. La Luna y la reproducción se sincronizan en muchos animales,

Peces de río plateados de California encallan en la arena para el apareamiento rigiéndose por el ciclo de las mareas. Las hembras ponen sus huevos en la arena mientras los machos compiten entre ellos.

pero los ejemplos más interesantes para los humanos los hallamos en los primates.

En Madagascar, los lémures entran en celo pasada una Luna llena y su clímax sexual sucede al cabo de muy poco tiempo; en África, los monos cercopitezo de Diana establecen su ciclo de ovulación coincidiendo con la Luna llena. En el mundo de los hombres, muchos ritos antiguos de fertilidad se realizaban siguiendo los ciclos lunares.

Así pues, ¿hay alguna conexión entre la Luna y nuestras vidas sexuales? Una de las indicaciones más intrigantes muestra que puede haber puntos de contacto con el ciclo menstrual de las mujeres. Es más, se corresponde exactamente con el ciclo lunar de 29,5 días y se requieren nueve de ellos para que concluya en embarazo. Aunque algunos estudios han descubierto un vínculo entre etapas lunares y fechas de nacimiento, la investigación está lejos de ser consistente. También es evidente que los ciclos menstruales no están sincronizados. Pero la clave para desvelar qué es lo que está pasando puede basarse en cómo los lémures regulan sus ciclos. Si se ven expuestos a iluminación artificial en lugar de a la variación natural de la luz lunar, sus ciclos sexuales se desincronizan, igual que los ciclos menstruales de las mujeres.

Vivimos en un hábitat en el que la luz artificial desplaza la lunar, pero antes debió de existir un efecto mayor de ésta sobre la fertilidad. Cuando a un grupo de mujeres que se hallaba en el centro de su ciclo menstrual se le administró luz artificial de modo experimental tres noches seguidas, sus períodos se sincronizaron rápidamente al ritmo lunar artificial. Otros experimentos confirman aspectos de estas viejas creencias.

Una de las convicciones más atrevidas fue que la gente sangraba más durante el plenilunio, un hecho confirmado, aunque no explicado, por un estudio de amigdalotomía. Hay una similar evidencia de vínculos entre la inestabilidad mental y la Luna llena. Doscientos años atrás la excusa de que la Luna provocaba ataques de locura pudo usarse para mitigar algunos comportamientos cortesanos y la anecdótica evidencia de habitantes de asilos de «lunáticos» originaron estas suposiciones. En América, más recientemente, varios estudios de tasas de asesinatos confirman que existe un vínculo entre estos y los ciclos lunares, y otro estudio sobre las tasas de suicidio señala que el número máximos de casos declarados corresponde a la Luna nueva y a la Luna llena. Los científicos, con escepticismo, ahora empiezan a tener bases empíricas.

Luna de la cosecha

En la época clásica, se creía que la Luna influenciaba también el crecimiento de las plantas: la expresión «Luna de la cosecha» confirma la universalidad de la creencia. Plinio, escritor del siglo I dC, aconsejó a los granjeros romanos que recolectaran las frutas para vender justo antes de la Luna llena, cuando éstas deberían estar mejor. Las plantas medicinales se recogían bajo la Luna llena y se creía que éste era un buen momento para plantar los campos. El tradición cultural inglesa pretendió darle explicación científica, sugiriendo que la Luna llena atraía más agua hacia la planta. La ciencia moderna, en cambio, es muy escéptica sobre el vínculo entre las plantas y la Luna, pero una sucesión de experimentos sugieren que los antiguos estaban en lo cierto.

Siguiente Los terremotos y volcanes emiten una barrera de señales de alerta, desde infrasonidos y leves temblores a extrañas luces terrestres, que pueden ser detectadas por muchos animales.

Los primeros experimentos empezaron en los años cincuenta, cuando un científico estudió la cantidad de oxígeno utilizado por una patata y descubrió un ritmo de actividad armonizado con el ciclo diario lunar. La patata parecía «consciente» de cuándo la Luna se alzaba y se ponía. Las zanahorias fueron igual de sensibles. Se descubrió que la influencia lunar afectaba a más plantas al ver que los cambios de los potenciales eléctricos de un arce seguían también un ciclo de la Luna. Entonces, en 1970, se supo que las plantas herbáceas de los Jardines Botánicos de Padua, Italia, crecían más durante la Luna llena. En otro experimento, las plantas fueron capaces de absorber diversos minerales con más rápidez con la Luna llena que con la Luna nueva.

Estos experimentos no fueron aceptados por todos los científicos. Era desconcertante que los ciclos continuaran incluso cuando las plantas no estaban bajo la influencia de la luz lunar o las variaciones de presión atmosférica provocadas por los ciclos lunares. Pero estudios recientes confirman que la Luna tiene una gran influencia sobre las plantas. Los árboles parecen capaces de expandirse y contraerse según el ciclo lunar diario, como las mareas en el océano, e, igual que éstas, tienen dos «mareas altas» cada día.

La explicación obvia es que la gravedad de la Luna atrae el agua, como hace en los océanos, pero aquí es donde la credibilidad de la ciencia se fuerza demasiado. Las mareas marinas son observables debido a la gran cantidad de agua involucrada, pero dentro de un árbol el efecto es demasiado pequeño como para poder medirlo. La respuesta parece que involucra el campo magnético de la Tierra, cuya fuerza fluctúa según ciclos lunares y, como las mareas, es más fuerte cuando está justo encima o en la posición opuesta a ésta. Sabemos que las plantas son organismos sensibles a la electricidad, por lo que es probable que detecten este flujo eléctrico. Al mismo tiempo que descubrimos los misterios de las plantas debemos centrarnos en encontrar una explicación a lo que los antiguos conocían de forma intuitiva. Como si se tratara de una confirmación, experimentos recientes muestran que plantaciones de árboles y rábanos plantados en Luna llena germinan antes que los que se plantan en otros días. Otros experimentos han generado más preguntas que respuestas. El popular pez tropical, *guppy*, cambia el color de su visión de acuerdo con el ciclo lunar, viendo los matices de un modo distinto en función de la fase de la Luna. Nadie sabe el porqué.

Predicción de terremotos

La Luna tiene otra importante influencia sobre la Tierra: crea mareas en la corteza terrestre. Al pasar la Luna sobre la Tierra, ésta se dilata hacia ella. Por Moscú pasa una ola terrestre de 0,5 m de lado cada día. De un modo similar, como una especie de exprimidor gigante, Europa y Norteamérica se acercan unos veinte metros, para luego alejarse. Como la Tierra respira con este ritmo lunar, las olas terrestres pueden ser provocadas a entrar en un estado alterado y tumultuoso. Debido a que las rocas se ven sometidas a tensiones y terminan por romperse, los resultados pueden ser catastróficos. Suceden más terremotos durante la Luna nueva y la Luna llena que en cualquier otro momento. Como si poseyeran una especie de sistema de detección innato, muchos animales pueden predecir cuándo sucederán.

Los terremotos son las más impredecibles y dañinas de las catástrofes naturales, pero a través de la historia se ha creído que los animales podían predecir su devastación inmediata. Las serpientes abandonan sus cubiles subterráneos, los gatos sacan a sus cachorros de las casas, los caballos provocan estampidas, los pájaros chillan alarmados y las ratas salen y corren por las calles. En China, en los años ochenta, un millón de personas se salvó de un terremoto al observar el comportamiento extraño de los animales. Pero la interpretación es un arte difícil y, un año después, un terremoto similar pasó desapercibido. Incluso teniendo en cuenta estos casos, los animales en el zoo de Tokio son observados por si dieran señales de un posible terremoto.

Gracias a que conocemos los variados poderes de los animales, sabemos cuándo reaccionan a sus signos de alerta. Algunos pueden simplemente ser físicos; un aumento del nivel freático puede hacer que las serpientes abandonen sus cubiles y los roedores salgan de sus refugios ocultos. También pueden percibir sonidos emitidos por observadores humanos. Los pájaros podrían oír profundos infrasonidos producidos por temblores de tierra, igual que lo harían los animales de un zoológico, como los elefantes. Muchos animales que tienen una percepción basada en las vibraciones, incluyendo las arañas, escorpiones y serpientes, podrían también detectar los movimientos que precederían a un terremoto. Las aguas de los acuíferos, bajo una presión extrema, podrían separase en partículas cargadas eléctricamente que darían lugar a electrólisis químicas, produciendo gases que los animales podrían detectar.

Pero una de las cuestiones del misterio son las luces terrestres observadas a veces antes de un terremoto. Éstas pueden estar causadas por la intensa ionización del aire cuando las rocas crean cargas electrostáticas al desplazarse bajo las ondas terrestres que acompañan a un terremoto. Sabemos que los animales poseen el poder de responder a esta ionización. Las mismas tensiones podrían crear fluctuaciones en el campo magnético local de la Tierra, al que los animales parecen también sensibles.

Estamos en el límite de la comprensión de cómo muchas de estas fuerzas ocultas son usadas por otras formas de vida, pero parece que las observaciones de los antiguos sobre los poderes aparentemente sobrenaturales de los animales eran en gran medida correctas. Sus habilidades extrasensoriales les permiten poseer una exactitud sensitiva que percibe las variaciones más sutiles de las fuerzas ocultas que nos rodean.

Más allá del reino sensorial, en el mundo puramente físico, los animales y las plantas poseen grandes poderes, de los que hablaremos en el siguiente capítulo.

4

LIMITES EXTERNOS

*E*ntre los poderes sobrenaturales que poseen los animales están aquellos que llevan la resistencia física hasta sus límites. Muchas formas de vida pueden lidiar con condiciones que llevarían el cuerpo humano a la destrucción: sobrevivir a extremos de calor y frío pronto extinguiría nuestros procesos vitales. Algunos animales pueden vivir a presiones tan altas que nuestro cuerpo explotaría como una pasta, mientras otros viven a presiones tan bajas que necesitarían un espacio apropiado para vivir. Otros pueden subsistir sin la provisión continua de oxígeno o en concentraciones tóxicas de sustancias químicas. Incluso los hay que pueden vivir sin alimento ni agua durante períodos inconcebibles de tiempo.

Si tuviéramos alguno de estos poderes, los veríamos como sobrenaturales, pero la forma en la que los animales alcanzan estas proezas no es menos insólita. Algunos de los nuevos hallazgos sobre estos organismos han empezado a despejar los misterios de la vida fuera de nuestro planeta.

Combustión espontánea

De todas las fuerzas elementales de la Tierra, el fuego es quizá la más primaria. Todavía es un foco de fascinación para nosotros y es el centro de la mayoría de los rituales místicos y religiosos. En la naturaleza, su poder no es menos importante y para varios organismos constituye una parte vital de su existencia.

Algunas plantas tienen tanta pasión por el fuego que se incencian ellas mismas. El orégano aromático de jardín, mencionado en el capítulo 2, también es conocido como el arbusto candente por su tendencia a la combustión espontánea. Desprende un olor acre de limón que segrega de las glándulas de sus hojas; en un día tranquilo, estos fuertes vapores velan por la planta. Son tan inflamables que la mínima chispa, quizá a causa de una piedra disparada por un animal, provoca que su halo volátil se prenda. Por este motivo los adoradores del fuego de la India consideran sagrada a esta planta.

Otra planta incendiaria, la *cistus creticus*, se encuentra en el Este medio y puede estar tras la historia bíblica de los arbustos candentes. Como el orégano, este arbusto crea aceites volátiles que arden al exponerse a una chispa. Las llamas surgen, queman a sus competidores y estimulan el desarrollo de sus semillas. Las semillas, ahora permeables al agua y al oxígeno, y fertilizadas por los nutrientes liberados por el incendio, pronto empiezan a crecer. Otras muchas semillas, en especial las de las especies mediterráneas, necesitan experimentar un fuego intenso antes de germinar.

Las semillas de muchas otras plantas necesitan ahumarse para germinar. En los fynbos de los brezales de Sudáfrica, casi la mitad de las plantas, incluyendo la espectacular flor de prótea, necesitan este tipo de fumigación. El humo provoca la germinación de las semillas cuando el suelo es más rico en nutrientes y la competencia ya ha sido arrasada por el fuego.

Como el fuego permanece en muchos hábitats, se cree que la vegetación que allí crece es la responsable de causar las conflagraciones periódicas que arrasan el paisaje. En Australia, los aceites densos que se desprenden de las neblinas azules en los bosques de eucaliptos son fácilmente combustibles y participan en la provocación de incendios para arrasar a la competencia. Generalmente, los mismos árboles son resistentes a estas rápidas llamas.

Tendemos a ver el fuego como una amenaza para el paisaje y para los propios intereses, por lo que la mayoría de medidas intentan evitarlo. Cuando el campo estallaba en llamas, el resultado era un intenso y catastrófico infierno que no solía achacarse a la naturaleza, el cual destruía tanto la vegetación como las vidas humanas. Ahora, una prudencia iluminada tiene en cuenta los incendios prescritos, que tratan de emular los fuegos rápidos en la naturaleza para refrescar regularmente el ambiente.

Muchos de los pirómanos que se unen a los fuegos naturales o a incendios prescritos suelen ser criaturas que sienten una fascinación anormal por las llamas.

Los cocuyos

Los escarabajos *melanophila* tienen un extraño y ardiente deseo de encontrar fuego.

Por lo general, viven solos, dispersos por el campo, pero cuando hay fuego, aparecen cientos de ellos en el resplandor de las llamas, como por arte de magia. Su aparente piromancia tiene un propósito: sus larvas consumen madera recién quemada; así que, cuando brota un incendio en el bosque, corren para llegar los primeros. Los escarabajos tienen tanta prisa por poner sus huevos en la madera carbonizada que aparecen en medio de la hoguera, e incluso pican a los bomberos a causa de su excitación. Recientemente se ha descubierto cómo encuentran el fuego tan rápidamente.

El *melanophila* tiene dos sensores especiales en los lunares de su tórax y en la base de su pata media. Cada lunar contiene cien cúpulas sensoriales que se desvían en cuanto perciben las llamas. Reaccionan mucho más a las longitudes de onda que al rojo más oscuro que los humanos podamos percibir. Aunque la mayoría de los infrarrojos pronto es absorbida, por suerte para los escarabajos una ventana en la atmósfera deja pasar una banda estrecha de su luz invisible. Los escarabajos están tan sintonizados con ese rayo infrarrojo que reaccionan a un incendio producido a 50 km.

Animales desecados

Aunque no es tan espectacular como el sentido de la piromancia, es increíble la habilidad de algunas criaturas para exponerse prolongadamente al calor que les causa una desecación completa.

Algunos de los hábitats más inestables de la tierra son piscinas formadas en las superficies estériles de roca del norte de Nigeria y Uganda. Existen por un breve período de tiempo tras la lluvia y, nada más formadas, el sol calienta como una antorcha y empieza el proceso de evaporación.

De manera insólita, las larvas de las moscas de agua, conocidas como *polypedilum*, se las componen para sobrevivir. Cuando se evapora el agua, el vuelo de las larvas entra en un estado de animación suspendida. El agua es expulsada de sus cuerpos, hasta quedar menos del 3%. En este estado de desecación pueden aguantar temperaturas tan altas como 70 °C, mientras esperan a la próxima lluvia para renacer.

Otros seres que sobreviven a la total deshidratación son los pequeños organismos de ocho patas llamados tardígrados, conocidos como osos de agua porque están envueltos por una capa de grasa que les hace andar como si fueran osos. Se hallan en todas partes pero, como los más grandes son del tamaño de una cabeza de alfiler, no percibimos su manera de caminar.

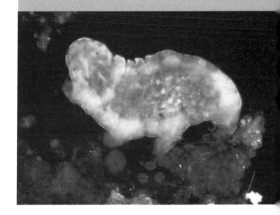

Esta diminuta criatura, conocida como tardígrado u oso de agua, puede sobrevivir a una desecación completa durante unos cien años.

El fuego es una de las fuerzas primarias de la Tierra, pero la destrucción que provoca puede generar vida. La flor de proteus (arriba) necesita el estímulo del humo antes de que sus semillas germinen.

Cuando su medio se seca, forman una capa protectora sobre sí mismos y apagan su metabolismo por completo. En este estado pueden ser inmersos en agua salada, éter, alcohol puro o incluso helio líquido, y sobrevivir. La temperatura puede llegar a los 149°C o bajar a los -272°C: es indiferente para estos osos en miniatura dentro de sus guaridas protectoras. Para el mundo exterior parecen muertos, pero si les añadimos un poco de agua, se hincharán y gradualmente empezarán a resucitar como por arte de magia. Se sabe que han resucitado 120 años después de que su vida espirara.

Otros animales sólo sobreviven a la desecación en su etapa como huevo. Los crustáceos miniatura, conocidos como los camarones de agua salada, producen huevas que pueden deshidratarse hasta quedarse con un 10% de agua. En este estado son capaces de sobrevivir durante 10.000 años.

Estos períodos de supervivencia parecen casi inconcebibles, pero sólo unos organismos especialistas tienen esta habilidad. Entre los animales superiores, la habilidad para sobrevivir enterrados durante largos períodos de tiempo es la base de mitos y leyendas.

Sapos en el agujero

A lo largo de la historia, ha habido informes sobre sapos, descubiertos por constructores, que han sobrevivido encerrados entre paredes. Como normalmente se conoce la fecha de cuándo fueron construidas las estructuras, se ha aceptado que los sapos pueden vivir milagrosamente encerrados vivos durante treinta años o más. En la etapa victoriana, un científico inquisitivo examinó esta teoría en una serie de experimentos, encerrando a sapos en cavidades. No es necesario decir que los sapos murieron al cabo de unos pocos meses.

A pesar de este hecho puntual, el fenómeno parece bastante real; pero, entonces ¿cómo es que los sapos podían encontrarse allí? Lo más probable es que penetraron el muro siendo unos renacuajos, mientras todavía eran suficientemente pequeños y podían colarse por una grieta a una cavidad interior. Las habitaciones los cobijaron y les proporcionaron un alto grado de humedad y, como los insectos eran atraídos por las mismas condiciones, el sapo en seguida halló alimento. Al crecer y ser demasiado grande para escapar, sobrevivió a base de insectos, refugiándose del mundo exterior.

Estos sapos necesitaban una cierta suerte y alimento regular para sobrevivir al encierro, pero la cantidad de anécdotas alrededor de este fenómeno nos indica que muchos de ellos la tuvieron. De manera sorprendente, existe una especie de rana adaptada a este tipo de encarcelamiento.

En las regiones desiertas de Australia puede no llover durante diez años, pero aun así las ranas logran subsistir. Sobreviven a la sequía en una cámara a un metro por debajo del suelo y envueltas en un capullo de piel de seda. La rana católica y la rana de cabeza plana pueden entrar en esta fase durmiente; cuando lo hacen, sus vejigas devienen almacenes de agua que pueden durar hasta siete años o incluso más. En el pasado, los aborígenes usaron estas ranas, que parecen balones llenos de agua, como un recurso para refrescarse en el desierto en caso de urgencia. Tan pronto como las primeras lluvias mojan el suelo, las ranas milagrosamente reaparecen y el desierto se convierte en una cacofonía de su croar.

Incluso hay peces que poseen poderes similares. El pez pulmonado es un viejo grupo que se encuentra en África, Australia y Sudamérica. Como viven en ríos que se secan regularmente, respira aire a través de sus pulmones antes que por las agallas. Eventualmente, crea una cámara, se enrosca y empieza a secretar una mucosidad. Cuando se seca, el pez crea un capullo protector alrededor de sí mismo y una apertura en la superficie que le permite respirar aire. Cuando pasan los meses de sequía su metabolismo se para y la energía que necesita viene de la ruptura de los tejidos musculares. En este estado sobrevive cuatro o cinco años, pero normalmente sólo debe hacerlo durante una época de sequía.

Las ranas del desierto australiano sobreviven durante varios años enterradas hasta el fin de la sequía. Los aborígenes las utilizan como provisiones de agua.

Comidos vivos

Estar enterrado vivo parece un destino peor que la muerte, pero ser comido vivo es un destino que casi todos los animales evitarían. Increíblemente, hay uno que persigue conseguir esta experiencia.

El gorgojo revena se alimenta de las semillas de la palmera de cacahuete y pone sus huevos sobre el fruto en desarrollo o cuando éste se abre. Los tucanes se alimentan de los frutos pero, en vez de significar un desastre para los gorgojos, resulta el momento que estaban esperando. Aunque la mayoría de los frutos que ya se han tragado están desmenuzados en el estómago, en treinta minutos las semillas son expulsadas. La mayoría de larvas sobreviven a este viaje y, cuando la semilla cae, inmediatamente desembarcan para enterrarse, transformándose en un gorgojo adulto cuatro meses después.

Este viaje poco ortodoxo es de hecho para los gorgojos una manera efectiva para dispersarse, ya que los tucanes sólo emplean unos pocos minutos en cada palmera de cacahuetes antes de seguir su camino.

La fuerza G

Otro destino extraño de duración lo muestran los animales que voluntariamente se someten a fuerzas físicas extremas.

Nosotros, como los demás seres vivos, nos mantenemos en la Tierra gracias a la fuerza de gravedad. Para escapar del impulso gravitatorio de la tierra, los cohetes generan fuerzas cuatro veces mayores a la de la gravedad (4 G). Pilotos de combate han experimentado fuerzas G más altas, pero alrededor de 7 G la mayoría han muerto.

Bajo las condiciones extremas de un impacto momentáneo, la gente ha sobrevivido a fuerzas G devastadoras. Un piloto de un coche de carreras ha llegado a desacelerar de 173 km/h a cero en una distancia de sólo 66 cm al estrellarse contra una pared, experimentando 179,8 G durante el proceso. Como resultado sufrió veintinueve fracturas y seis ataques de corazón, pero sobrevivió. En la vida diaria, los pájaros carpinteros regularmente se someten a fuerzas G mucho más extremas que ésta.

Cuando un pájaro carpintero golpea su pico contra el tronco de un árbol para hallar alimento o para marcar su territorio, se está sometiendo a impactos devastadores. Cuando golpea, su pico es conducido a la madera a una velocidad de 700 cm/seg y, en el momento del impacto, experimenta fuerzas de entre 600 y 1500 G. Entonces, ¿cómo es posible que sobreviva a esta dosis diaria de golpes de cabeza?

Como los pájaros carpinteros tienen cerebros relativamente más pequeños que los nuestros y son 50 veces menos susceptibles al dolor, el impacto tiene menos resonancia. Como sus cerebros contienen menos fluido cerebroespinal del que rodea nuestros cerebros, las ondas del choque tampoco son tan fácilmente transmisibles. Los pájaros carpinteros también utilizan una inventiva de ingeniería estructural: el pico se posiciona debajo de la cavidad del cerebro para prevenir que las fuerzas del impacto se transmitan directamente al cerebro; el cráneo también está reforzado, en especial en el punto donde el pico se une a él. Además, los músculos enlazados al pico se contraen justo antes del impacto y actúan absorbiendo el choque.

Entre las presas de los pájaros carpintero se están las criaturas que muestran una resistencia impresionante a las fuerzas G. El escarabajo golpeador sufre estas fuerzas extremas al escapar. Su sorprendente defensa se basa en el salto de carpa que realizan en el aire. Para ejecutarlo arquea su espalda, tensando la columna, que llega a la parte inferior de su cuerpo. Cuando la tensión se incrementa, la columna se precipita con una pinada de alto volumen. Esto propulsa al escarabajo, con una aceleración increíble, a casi 30 cm en el aire. A velocidad punta, puede llegar a sufrir una fuerza de 500 G. Este salto que desafía a la muerte confunde a cualquier depredador, provocando en señal de alarma un retroceso que da al escarabajo su oportunidad para huir.

Los pájaros que cazan cayendo sobre su presa también toleran grandes fuerzas. El vigilante de la tierra que cae en picado, el peregrino, lleva sus alas hacia atrás para formar una flecha de aire y puede alcanzar casi 300 km/h. Cuando golpea a su presa

El increíble escarabajo golpeador genera una fuerza de 500 G cuando se propulsa en el aire. Su salto de carpa impresiona a cualquier depredador.

Cuando un pelícano
marrón ameriza, su
pecho aguanta ondas
de choque, que
aturden a peces
a 2 m de distancia.

en el aire o se acerca al suelo, puede huir del descenso casi instantáneamente. Si los pilotos humanos hicieran la prueba, podrían perder el conocimiento al realizar estas maniobras, pero el peregrino se recupera instantáneamente.

Aunque los pelícanos marrones no son tan rápidos como los peregrinos, atrapan a su presa al zambullirse, por lo que necesitan aguantar el impacto que los fuerza hasta la superficie del agua. Normalmente localizan peces desde 10 metros de distancia y caen sobre ellos con las alas hacia atrás. Aunque el pico topa primero con el agua, el pecho recibe la mayor parte del impacto, creando una onda de choque que aturde a un pez que esté a 2 metros. Las bolsas de aire bajo su piel en la parte frontal de su cuerpo protegen al pelícano de daños mayores.

El ánsar común, ave palmípeda que habita el Atlántico Norte, tiene una técnica más sofisticada en la zambullida. Cae en bancos de peces desde una altura de 30 metros y, doblando sus alas en forma de «V», deviene como una flecha, llegando a 100 km/h cuando llega al agua. Su forma aerodinámica le ayuda a cortar el agua tan rápido como el aire, por lo que reduce el daño causado por el impacto.

Locos por la velocidad

Como los pájaros vuelan a través de un medio con relativamente poco rozamiento, alcanzan velocidades más altas que cualquier otra criatura. Aquellos que viven en la tierra necesitan superar la dificultad creada por el contacto con el suelo. Incluso así, algunos mamíferos terrestres alcanzan velocidades inusitadas.

El leopardo es reconocido como el animal más rápido que hay sobre la Tierra, pero incluso en este momento, la velocidad a la que pueden llegar sigue siendo muy discutida. Se estima que pueden alcanzar velocidades de hasta 144 km/h, aunque otras voces sugieren 70 km/h. La verdad parece ser que recae en un punto medio: sobre los 100 km/h. Todavía más insólito resulta el hecho de que el leopardo alcance su máxima velocidad en sólo tres segundos. Pero paga un precio en las cacerías de altas

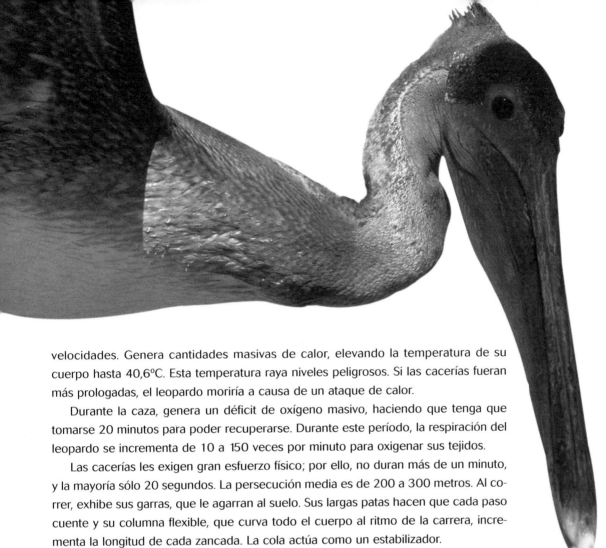

velocidades. Genera cantidades masivas de calor, elevando la temperatura de su cuerpo hasta 40,6ºC. Esta temperatura raya niveles peligrosos. Si las cacerías fueran más prologadas, el leopardo moriría a causa de un ataque de calor.

Durante la caza, genera un déficit de oxígeno masivo, haciendo que tenga que tomarse 20 minutos para poder recuperarse. Durante este período, la respiración del leopardo se incrementa de 10 a 150 veces por minuto para oxigenar sus tejidos.

Las cacerías les exigen gran esfuerzo físico; por ello, no duran más de un minuto, y la mayoría sólo 20 segundos. La persecución media es de 200 a 300 metros. Al correr, exhibe sus garras, que le agarran al suelo. Sus largas patas hacen que cada paso cuente y su columna flexible, que curva todo el cuerpo al ritmo de la carrera, incrementa la longitud de cada zancada. La cola actúa como un estabilizador.

El leopardo es el único depredador que caza de esta manera; otros tienen que vigilar a su presa de cerca y esperar su oportunidad para caer sobre ella.

Inevitablemente, las presas de los leopardos tienen que ser rápidos. La gacela de Thompson puede correr a 94 km/h, pero el animal más veloz capaz de correr durante un período largo es el antílope americano, cuya marca de velocidad se mantiene en 88 km/h durante 800 metros.

Los viajeros del mundo

Los locos de la velocidad tienen su contrapartida en la duración; éstos son los animales que pasan su vida haciendo increíbles viajes. El vencejo es conocido por pasar un año de su vida en el aire, durmiendo sobre su ala y regresando a tierra sólo para criar. En un día, vuela de media 1.000 km y en un año puede alcanzar los 400.000 km. Si viajara en vertical alcanzaría la Luna.

Las golondrinas también vuelan larga distancia. Al regresar de África a Europa en abril, completan un viaje de vuelta de 20.000 km. Si incluimos los viajes para criar, la distancia total, en el medio año que están fuera, puede alcanzar los 300.000 km.

Durante la cacería, un leopardo puede alcanzar 100 km/h. Esta actuación de alto octano paga su tributo: la temperatura de su cuerpo se eleva a niveles casi letales y le produce un gran déficit de oxígeno. Recuperarse de este ejercicio le lleva por lo menos 20 minutos.

Un albatros, en un viaje en busca de alimento —que normalmente dura alrededor de un mes—, puede cubrir hasta 14.000 km sin ni siquiera tocar el suelo; deja que las corrientes de aire lo arrastren y flota en las corrientes de aire producidas por las olas del océano sin apenas batir sus alas.

En términos de distancias lineales, ningún pájaro puede competir con la golondrina de mar ártica. Se cría en el lejano Círculo Polar, pero pasa el invierno en el borde de las placas de hielo antárticas, una línea recta de alrededor de 15.000 km. El viaje migratorio completo podría alcanzar 40.000 km, el equivalente a dar la vuelta al globo. La más vieja de esta especie tenía 26 años, de manera que es probable que viajara millones de kilómetros durante su vida dando vueltas al mundo.

Los pájaros no son los únicos viajeros del mundo. Las ballenas grises se desplazan entre 12.000 y 20.000 km cada año, y las tortugas regularmente viajan 10.000 km en sus migraciones. Todas estas criaturas necesitan utilizar energía para viajar, pero otros organismos más pequeños viajan distancias similares sin apenas esforzarse.

Vida superior

Muchos invertebrados pequeños son completos aeronautas que se elevan al cielo y aprovechan el viento para encontrar nuevos mundos. Hay tanta riqueza de vida en las corrientes de aire que los animales que viven en las lejanas tierras de nieves y glaciares de las montañas más altas se alimentan de las presas que llueven como maná caído del cielo. En un solo metro cuadrado de nieve caen por lo menos seis insectos al día, un banquete para estos animales que viven a estas temperaturas tan extremas, como las arañas, el longevo grupo de insectos conocido como los patos rojos de América y los lepismas.

Además del riesgo de resultar incomunicados en los campos de hielo, los animales que son dispersados por el viento se enfrentan a graves problemas. Una vez alcanzan altitudes de 5.000 metros, las temperaturas caen por debajo de -20ºC, covirtiendo el agua en hielo. Para sobrevivir, algunas arañas y pulgones tienen agentes anticongelantes para navegar por los vientos de las alturas en un estado de animación suspendida.

Las pequeñas arañas conocidas como las arañas de dinero se encuentran entre estos aeronautas tan bien preparados. Cuando las condiciones son favorables, las arañas maruca se suben a los tallos, hojas o rocas y esperan a que pase una ventolera. Entonces, se afanan en hilar seda para cogerse a la brisa. Como son ondeados hacia arriba, la línea de seda actúa como una vela y las arañas pueden controlar la ráfaga de viento ajustando su longitud. Si cogen una corriente de aire, pueden viajar miles de kilómetros antes de descender; incluso a veces pueden dar la vuelta al mundo. Para protegerse de los rayos ultravioletas y absorber el calor, sus cuerpos son negros, pero incluso cuando las temperaturas son tan bajas que los cristales de hielo forran sus cuerpos, se las componen para sobrevivir.

Los aeronautas más increíbles de todos son las pequeños algas microbios que habitan los océanos. Investigaciones recientes sugieren que estas plantas microscópicas pueden llegar a manipular el tiempo para crear condiciones que los transporten por todo el globo. El secreto de estos cambios climáticos reside en una sustancia producida por las algas, conocida como DMS, que actúa como si fuera una semilla de generaciones nebulosas. Como las nubes se forman sobre el mar, crean corrientes de aire caliente que las algas emplean como ascensores. Una vez en las nubes, son transportadas alrededor del mundo por sistemas climáticos que ellas mismas han creado.

Pájaros aeronautas

Las aves migratorias emplean la creación de estos sistemas climáticos. Algunas viajan a increíbles alturas. El correlimos común, el correlimos gordo y otras pequeñas aves migratorias han sido registradas por las líneas de compañías aéreas comerciales a 7.000 metros de altura. Un piloto que volaba sobre los Outer Hebrides a 8.200 metros, encontró una bandada de cisnes enormes compartiendo su espacio aéreo. Increíblemente, algunos pájaros incluso penetran la zona inhóspita que conocemos como estratosfera, que cubre una banda de entre 10 y 50 km sobre la tierra. Se han visto gansos cenizo cruzando el Himalaya a alturas de 9.000 metros, cerca del límite donde empieza la estratosfera. El récord de altura lo tiene un desafortunado buitre de Ruppell, que colisionó con un avión a una altura de 12 kilómetros sobre el suelo.

Los gansos cenizos llegan a alturas de 9.000 metros, altitud que los sitúa en las trayectorias de vuelo de los aviones. Estos pájaros de altos vuelos han sido confundidos con aviones enemigos.

A esta altura, las concentraciones de oxígeno son tres veces menores que sobre el nivel del mar. Para lidiar con estos niveles tan bajos de oxígeno, los gansos y otros pájaros disponen de formas muy eficientes para obtenerlo a partir de las moléculas de hemoglobina de su sangre y de una alta densidad de vasos sanguíneos capilares para transportarlo a sus músculos de vuelo. Cómo resisten el frío es parte del misterio. A estas alturas, las temperaturas pueden descender por debajo de -50ºC, y aun así, las aves migratorias pueden pasar varios días en estas condiciones tan estrictas.

Cerca de los polos, este frío tan intenso puede formar parte de su vida diaria. Es aquí donde podemos hallar a los expertos del frío.

El confort del frío

En las regiones árticas del globo, son habituales los animales que resisten temperaturas por debajo de los -70ºC. Los mamíferos que sobreviven aquí emplean diversas estrategias en estas condiciones glaciales. El buey almizclero depende de su última capa de piel, que usan como abrigo. Su gruesa cobertura de pelo dispone de otra debajo que lo calienta ocho veces más que si fuera lana de oveja y lo aisla de la nieve que acumula en su espalda. Incluso cuando las temperaturas del exterior bajan a -40ºC, el buey almizclero mantiene una temperatura constante de su cuerpo sobre los 38ºC. Si se enfría, usa su calentador interno, que quema la grasa acumulada para generar calor.

Al igual que el buey almizclero, el zorro del ártico utiliza un grueso abrigo de invierno para mantenerse caliente. También tiene una alineación interior de piel bajo dicho abrigo e incluso disfruta de piel en la planta de sus pies para evitar congelarse. Además puede reducir el flujo sanguíneo de su piel para conservar el calor de su cuerpo. El zorro está tan bien protegido que necesita quemar las reservas de grasa que tiene para generar calor en caso de que las temperaturas bajen por debajo de 50ºC.

No debería soprendernos que los osos polares sean los animales que mejor soportan el frío extremo. Esta capa bajo la piel es una gruesa *duvet* de lana cubierta por un colchón, sobre el que se extiende una cavidad de pelos guardianes que se erizan y lo aíslan incluso cuando se moja. También posee una capa protectora tan gruesa como veinte mantas sobre la parte trasera de sus patas y en la parte baja de su espalda.

Un oso polar tiene un aislante tan perfecto que casi desaparece cuando se observa con una cámara sensible al calor. Sólo el morro y la parte superior de su espalda muestran signos de temperatura y se observa, debido a que los osos pierden calor por sus garras al andar, una impronta en las huellas. A parte de esto, los osos polares no desprenden más calor que una bombilla de 200 vatios.

Con semejante sistema aislante, incluso en condiciones de frío intenso, un oso activo rápidamente recupera su temperatura. Irónicamente, el oso polar pasa la mayor parte del tiempo tratando de enfriarse. Para perder su exceso de calor, su corazón

Los osos polares están tan bien aislados del frío que pasan la mayor parte de su tiempo tratando de enfriarse.

bombea más sangre a la planta de sus pies y a sus garras, y también a sus piernas y a su hocico. Además, en caso de fracasar al intentar enfriarse, puede enviar sangre a su radiador, hecho con dos capas de delgados músculos a lo largo de su espalda.

Si a pesar de todas las técnicas de enfriamiento la temperatura del oso llega hasta 38,7 °C, los latidos de su corazón se incrementan de 45 pulsaciones por minuto a 148. A la vez, respira más rápido y menos profundo para llevar aire fresco a sus pulmones.

Como los mamíferos pueden controlar la temperatura de su cuerpo, son ideales para vivir en un congelador. Los reptiles, cuya temperatura depende del mundo exterior, normalmente están confinados en climas calurosos. Aun así, algunos viven en lugares sorprendentemente fríos y muestran una insólita habilidad para sobrevivir al frío.

El caimán chino habita en una región donde las temperaturas durante el invierno suelen estar por debajo de los 0°C. Cuando los ríos se hielan, el caimán deja expuesto su morro, mientras que el resto de su cabeza y su cuerpo permanecen completamente inmóviles. Sobrevive en este estado hasta el despertar de la primavera.

La serpiente látigo es uno de los reptiles más resistentes al frío. Sus habilidades se han probado con frecuencia durante los inviernos en Narcisse, cerca del Winnipeg en Manitoba, Canadá. Las serpientes pasan el invierno en las cavidades de las rocas calizas, provocadas por las erosiones. Aunque hay pocas guaridas de invierno, éstas atraen decenas de miles de serpientes. En primavera, las entradas de estos agujeros naturales se llenan de cuerpos de serpientes retorciéndose. Como en estas latitudes nórdicas los veranos son tan cortos, cuenta cada día de la primavera.

Los machos son los primeros en aparecer y pronto la guarida se transforma en una masa de serpientes esperando a que las hembras aparezcan en la superficie. Cuando por fin emergen las primeras, se pueden contar de una sola vez hasta 10.000, y al momento resultan consumidas en una bola de parejas en proceso de apareamiento.

La batalla entre los machos a la llamada de las hembras los expone a los peligros del clima. Los días de primavera, que convierten el sol en nieve, provoca que las temperaturas caigan en picado. Cuando las de sus cuerpos bajan, los movimientos de las serpientes se ralentizan y volver a sus guaridas es una carrera contra del termómetro.

En esta época del año, muchas serpientes están atrapadas en inesperadas ventiscas y, al caer la noche, sus cuerpos se han secado de frío convirtiéndose en esculturas de hielo. Pero cuando los primeros rayos de sol derriten la nieve, las serpientes poco a poco, casi imperceptiblemente al principio, vuelven a la vida. Su resistencia a la caída ocasional de profundas heladas es el único modo para sobrevivir en estas regiones nórdicas. Pero si el mal tiempo dura más de un día, estan en apuros: son capaces de aguantar en este estado de congelación un máximo de veinticuatro horas.

Los insectos que viven en estas regiones nórdicas se enfrentan a problemas similares, y el corto verano ártico significa que su vida activa se reduce a unas pocas semanas al año. Por este motivo, la polilla ártica de Greenland y del norte del Canadá tiene uno de los ciclos vitales más largos en los insectos, tardando trece años en completarlo. Su explosión de crecimiento es en el mes de junio, y cada día se alimenta durante unas pocas horas del mediodía. A finales de junio termina el verano y para de alimentarse para empezar a buscar refugio. Está obligada a pasar el invierno cerca de la superficie debido a la dureza de los hielos permanentes, por lo que está expuesta a los vientos árticos. Se congela a los -7°C y permanece aí nueve meses del año, sobreviviendo a temperaturas de -100°C. El hielo que se forma en su cuerpo fragmenta sus células, pero en cuanto empieza la primavera en seguida repara todos los daños.

Muchas aves muestran una inusitada resistencia al frío. Cada pequeño pájaro, como el jilguero y el lugano, es increíblemente tolerante a los incidentes de fríos intensos. Incluso, aunque la temperatura cayera hasta los -70°C, pueden sobrevivir a esta temperatura durante varias horas. Esta resistencia al frío debe ayudar a las aves migratorias a aguantar las condiciones que se encuentran en las alturas.

Los pingüinos emperador se encuentran entre los animales más fuertes del planeta y eligen el corazón del invierno antártico para criar. El resto de los seres vivos evita temperaturas por debajo de los -60ºC y vientos de 200 km/h que cortan como el hielo. Aunque las hembras se vayan, el macho se queda atrás estoicamente y, durante dos meses, incuba un solo huevo, la mayoría del tiempo en una oscuridad completa. Los huevos están bien protegidos del frío, elevados por encima del hielo por los pies de sus padres o transportados en un saquito de crías. La única protección de los pingüinos viene de los cuerpos de los demás; 6.000 de ellos se acurrucan en grupo por turnos para darse calor. Al aguantar el clima del ártico, muestran otra habilidad insólita: no comen durante toda esta escalofriante experiencia.

El ayuno

Mientras los machos de los pingüinos emperadores incuban sus huevos, pueden sobrevivir hasta 120 días sin probar bocado. Esto se debe a que tienen reservas de grasa subcutánea y, de este modo, cuando vuelven al océano abierto, son la mitad de corpulentos de lo que en otro momento fueron.

Los osos polares pueden aguantar incluso períodos más largos de abstinencia. En junio, cuando el hielo del mar se funde, alrededor de la bahía de Hudson, en Canadá, las hembras preñadas viajan cientos de kilómetros a sus campos de cría, donde excavan agujeros en la nieve. En esta confortable cavidad dan a luz y pasan el invierno ártico. Ayunan durante ocho meses enteros y dependen de las reservas de grasa para alimentarse ellas mismas y para alimentar a sus oseznos. Cada día llegan a perder aproximadamente un kilogramo de peso y, cuando termina el invierno, pueden haber perdido hasta un total de 200. Su ayuno se acaba en marzo o abril, una vez encuentran sus zonas de caza.

Los depredadores necesitan más aguante, ya que nunca pueden estar seguros de dónde llegará su próxima comida. Entre los peces, los tiburones son capaces de aguantar el período más largo de ayuno. Se sabe que el tiburón puede sobrevivir durante quince meses sin comer.

Aguantar la respiración

Aguantar sin oxígeno muestra otro de los aspectos de la vitalidad de los animales. Algunas criaturas pueden vivir sin oxígeno. La tenia solitaria, por ejemplo, como muchos parásitos, respira de manera anaeróbica, es decir, sin oxígeno, por los residuos de éste que contienen los intestinos. Otros, como las larvas de estro que viven de la carne de los mamíferos, crean su propio oxígeno convirtiendo los azúcares de su cuerpo en grasa y respirando el oxígeno que se libera durante este proceso. Pero entre los animales que están diseñados para respirar del aire atmosférico, hay algunos que muestran niveles de resistencia extrema.

Opuesta Al llegar el invierno, la piel del zorro ártico se vuelve blanca y desarrolla una capa interior contra el frío. Las plantas de sus pies se cubren con pelo contra los cortes del hielo.

Las focas weddell pueden aguantar la respiración durante una hora. Almacenan oxígeno en la sangre y los músculos, y bajan el ritmo cardíaco a pocos latidos por minuto.

Son los animales marinos los que aguantan su respiración durante más tiempo. Aunque las focas no están debajo del agua más de 30 minutos, algunas han llegado a resistir más de una hora, entre las que se incluyen las focas de Weddell, que permanecen sumergidas hasta 73 minutos. Pero el premio se lo lleva el elefante marino, quien se mantienen bajo el agua más de dos horas.

¿Cómo aguantan tanto las focas? Paradójicamente, en vez de tomar aire profundamente antes de sumergirse, lo exhalan, reduciendo así la cantidad de oxígeno en sus pulmones. Mientras la sangre constituye el 7% del peso de nuestro cuerpo, una foca lleva en proporción dos veces más; y no sólo tiene más sangre, sino que sus corpúsculos, que contienen hemoglobina cargada de oxígeno, también son más grandes. De hecho, una foca almacena cinco veces más oxígeno en la misma cantidad de sangre que un hombre. Dispone además de una reserva de oxígeno en sus músculos de la que los humanos carecemos. Altas concentraciones de moléculas de miloglobina que atraen oxígeno dan a la carne de las focas un característico color rojo intenso.

Incluso con esta capacidad extra, una foca sumergida todavía necesita conservar oxígeno. Lo hace restringiendo el fluido de la sangre a su estómago, músculos, piel y patas, un 90%, y sólo llegua el suministro a su cerebro. Para lidiar con esta carencia de oxígeno, reduce el bombeo de su corazón de una media de 120 a 2 latidos por minuto. Para una foca gris, este momento puede durar hasta 60 segundos y durante este período, aunque debería estar muerta, consigue acechar y cazar sus presas.

Las ballenas también suelen aguantar su respiración durante largos períodos de tiempo. Para los cachalotes, el tiempo medio es de 30 a 40 minutos pero, como el elefante marino, llegan a resistir hasta dos horas bajo el agua.

En vez de mantenerse sin respiración, las ballenas blancas del ártico, las belugas, utilizan insólitos poderes sensoriales para sobrevivir bajo el agua. Los machos migran hasta 800 km bajo bloques sólidos de hielo para visitar lugares llenos de alimento a 550 metros bajo ellos. Pero los pulmones de las ballenas blancas no son más grandes que los nuestros y aguantan un máximo 20 minutos sin respirar, lo que es difícil de entender. El secreto tiene que ver con el extraño y característico sonido del agua al hacer agujeros en el hielo. En cada inmersión, una ballena blanca puede viajar 2 km hasta que oye uno de estos sonidos y localiza el agujero por donde sale a respirar. Para evitar asfixiarse, retiene suficiente aire para poder regresar al último agujero en caso de emergencia.

Los reptiles tienen un metabolismo bajo por naturaleza, por lo que necesitan poco oxígeno para mantenerse en vida: un lagarto encontrado en Norteamérica se sabe que puede sobrevivir un día entero sin oxígeno. El hecho de que necesiten tan poco oxígeno para vivir, les dota de una ventaja a la hora de permanecer sumergidos en el agua durante largos períodos de tiempo.

Aunque los cocodrilos normalmente permanecen sumergidos sólo durante unos pocos minutos, pueden fácilmente resistir más de una hora, y los caimanes americanos, encerrados, sobreviven a inmersiones de más de seis horas.

Los pájaros disfrutan de metabolismos más altos, aunque los pingüinos emperadores hayan permanecidos sumergidos hasta 18 minutos. En estas zambullidas pueden conseguir profundidades de 450 metros. Esto puede parecer una proeza inexplicable para un pájaro, pero los mamíferos se sumergen a profundidades mayores.

Bajo presión

Las focas grises descienden a 400 metros, las Weddell a 600, pero los elefantes marinos ostentan el récord de profundidad, alcanzando los 1.500 metros, ¿cómo pueden lidiar con tal presión?

Afortunadamente, la mayor parte del cuerpo de las ballenas es sólida e incomprimible. Las únicas cámaras que podrían aplastarse son las que normalmente se llenan de aire, y están diseñadas para aguantar la presión. Cuando el elefante marino se sumerge, la presión del agua sobre su costillar flexible empuja el aire de los pulmones, mientras la tráquea se comprime hasta la mitad de su volumen normal. En las profundidades, se conserva muy poco aire en el sistema.

Las focas nunca experimentan los costillares como otros animales. Esto ocurre por el nitrógeno, excesivo en sangre a causa de la presión en profundidad; de repente aparece por efervescencia en los tejidos corporales al regresar rápidamente a la superficie y así disminuir la presión. Como cogen aire de la superficie en lugar de respirar del aire de altas presiones en las profundidades, no sufren este peligroso efecto.

De los cetáceos, el cachalote es el que se sumerge más profundamente, llegando normalmente hasta profundidades de 400 a 600 metros, aunque algunos han alcanzado los 2.000 metros por debajo de la superficie y su límite es los 3.000 metros en el abismo. Las tortugas laúd han alcanzado una profundidad de 1.200 metros y la persecución de bancos densos de medusas las ha llevado hasta los 1.500 metros.

Entre los 200 y los 1.000 metros se sitúa la zona llamada mesopelágica, un oscuro mundo habitado por extraños peces luminosos, camarones y conchas gelatinosas. Están adaptados a presiones extremas y perecen rápidamente si son llevados a la superficie. A profundidades debajo de los 1.000 metros, el océano está en una penumbra perpetua. Los peces más extraños, muy diferentes de los de la superficie, habitan en este reino fantasmagórico; entre ellos están el dragón, el pez víbora, la anguila del mar profundo, el tiburón y el calamar de dorso amarillo. También encontramos al extraño rape. Su cuerpo está decorado con protuberancias que actúan como cebos y las hembras llevan a los machos a su alrededor como si fueran parásitos de sus cuerpos.

Unos 6.000 metros más abajo se encuentra el abismo. Un cuerpo que cayera desde la superficie tardaría dos días en tocar el fondo. Pero aun hay vida aquí; la mayoría

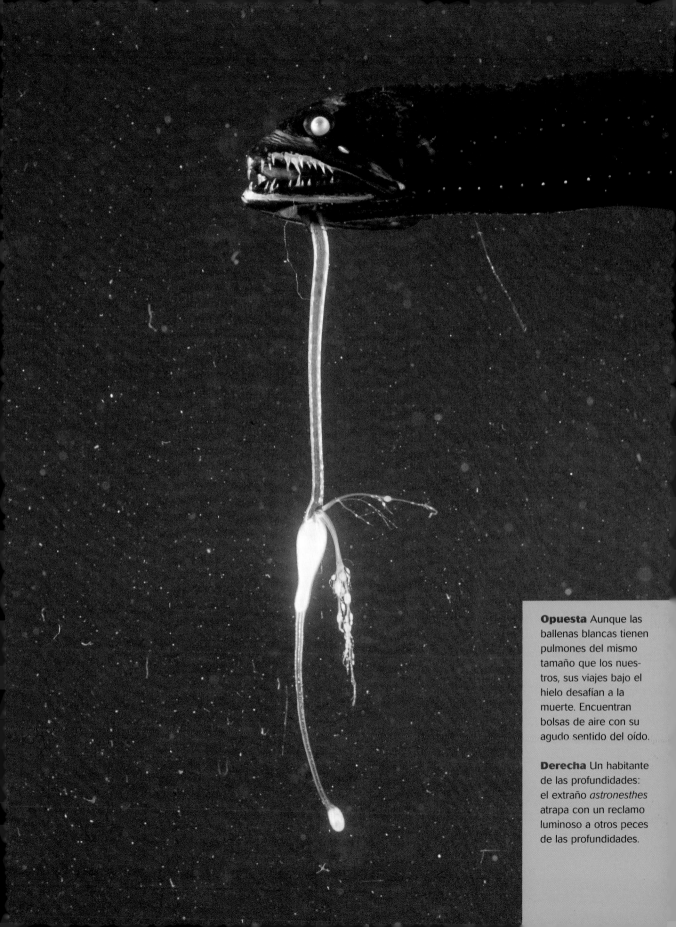

Opuesta Aunque las
ballenas blancas tienen
pulmones del mismo
tamaño que los nues-
tros, sus viajes bajo el
hielo desafían a la
muerte. Encuentran
bolsas de aire con su
agudo sentido del oído.

Derecha Un habitante
de las profundidades:
el extraño *astronesthes*
atrapa con un reclamo
luminoso a otros peces
de las profundidades.

se alimenta de los cadáveres que caen lentamente del mundo superior. Entre ellos se encuentra una especie de lampreas, los equivalentes de los buitres en las profundidades del mar, que descienden en tropel sobre cualquier cuerpo que llegue al fondo.

Ocasionalmente, cráteres volcánicos emergen del lecho del mar, desprendiendo productos químicos tóxicos y calentando el agua fría. Estos vertederos tóxicos atraen a las formas de vida más extremas de todo el planeta.

Vida tóxica

Las pequeñas aperturas volcánicas se forman donde las placas de la corteza terrestre se abren lentamente. Cuando aparecen las grietas, el agua se cuela hasta 3 metros por debajo de la superficie, donde tropieza con las rocas ardientes de debajo. Enriquecida por los minerales de la roca, el agua hirviendo vuelve al lecho del mar por las aperturas.

Los científicos alguna vez pensaron que ningún ser animado podría sobrevivir a la dura combinación de tóxicos químicos, altas temperaturas, altas presiones y completa oscuridad alrededor de estas aperturas, pero, de hecho, son rápidamente colonizadas por una extraña comunidad de criaturas sobrenaturales, de las cuales se han descubierto 300 variedades diferentes no hace mucho. Las más visibles son las lombrices tubulares. Crecen casi un metro por año y las plumas rojas que se abren al final de su cuerpo pronto decoran el área alrededor del cráter como si fuera un campo de flores. Además de ellas, se encuentra una extensa variedad de lombrices menores, que incluyen las de Jericó –del tamaño de un bolígrafo–, las palmeras granates con frondosas cabelleras y las naranajas decoradas con pequeñas cerdas. El vertedero tóxico también atrae a los camarones resitentes a productos químicos, a almejas, mejillones, cámbaros e incluso a los pulpos.

Aunque el agua sale de las aperturas a temperaturas de hasta 400ºC, este calor escaldante se queda confinado a unos pocos centímetros alrededor de dicha apertura; lejos de esto, la temperatura del agua pronto desciende a 2ºC por norma general. Así que, para sobrevivir aquí, los prinicipales talentos que se requieren son la resistencia a los químicos tóxicos y la habilidad de vivir en la más absoluta oscuridad.

La sustancia química principal es el sulfuro de hidrógeno, que huele como los huevos podridos. Sin embargo, el elemento tóxico se usado como una fuente de energía por la forma de vida mayoritaria en las profundidades marinas: las bacterias.

Sin bacterias, ninguna otra criatura sobreviviría. Incluso las tubulares juegan el papel de servir de refugio para las bacterias. Sus tubos se llenan de un tejido esponjoso marrón donde acumulan 100 billones de bacterias por gramo. Sus plumas rojas se llenan de sangre que transporta sulfuro de hidrógeno en vez de oxígeno para alimentar a las bacterias. A cambio, las bacterias oxidan el sulfuro de hidrógeno y convierten el dióxido de carbono en componentes de carbón que nutren a las lombrices.

Incluso hay bacterias que viven en el agua hirviendo de las aperturas del suelo marino, donde aguantan temperaturas más altas que cualquier otro organismo vivo. Estos microbios termófilos viven a temperaturas superiores a los 50°C. No todos se encuentran en las aperturas submarinas: los cráteres volcánicos del parque Yellowstone en Estados Unidos tienen sus propios termófilos que resisten temperaturas por encima de 80°C. Pero de todos, los microbios más resistentes al calor son los que crecen en el agua hirviendo de los cráteres submarinos. Algunos incluso sobreviven a los 113°C.

Pero algunas formas de vida superiores también soportan temperaturas extremas. Un crustáceo muy pequeño conocido como camarón duende produce huevos que pueden hervirse vivos sin destruir la vida latente de su interior.

Las formas durmientes de vida viven en estado de animación suspendida y son resistentes a las fuerzas más extremas de la naturaleza. También se encuentran entre las bacterias y los hongos. Algunas incluso sobrevivirían un día en el espacio exterior.

Microbios astronautas

Si dejamos un bol de fresas en la mesa de la cocina o un bote de mermelada, en cualquier caso alimentaremos a un equipo de astronautas potenciales. En unos pocos días, mohos como el *penicillium, aspergillus* o *mucor* empezarán a desarrollarse en nuestra comida. Su materialización repentina ocurre porque sus esporas son aeronautas especializados que pueden llevar a cabo un viaje a otro continente antes de encontrar el camino hacia nuestras cocinas. Pueden dar la vuelta al globo, viajando a altitudes mucho mayores que las alcanzadas por aviones convencionales.

Las esporas de los hongos son tan pequeñas y ligeras que se dejan llevar por la más pequeña brisa, flotando hasta adentrarse en la atmósfera. Se han encontrado en la mesosfera, junto con las esporas de las bacterias, en los límites de la atmósfera, donde empieza el espacio. Las esporas de los hongos parece que están preparadas para estos viajes, porque contienen unos pigmentos oscuros protectores que las resguardan de las temperaturas más bajas y extremas y de los niveles más altos de radiación ultravioleta que caracterizan a esas altitudes.

Allí el paso para abandonar la Tierra y viajar al espacio exterior es muy pequeño. Las esporas son tan minúsculas que la gravedad casi no les afecta, pero, como sostienen cargas eléctricas, reaccionan a las fuerzas de atracción y repulsión eléctricas. Al ser repelidas por el campo magnético de la Tierra, son lanzadas muy lejos del planeta al espacio interestelar.

El vacío del espacio y temperaturas tan bajas como -200°C no representan ningún problema para las esporas: son capaces de vivir en un estado de animación suspendida durante 7.000 años o más. También es bastante probable que estos viajeros interplanetarios de larga distancia siembren vida en otros planetas.

Intercalado (arriba)
Estas bacterias viven
en el calor de un cráter
volcánico lleno de sul-
furo burbujeante. En
este infierno pueden
sobrevivir a 90°C.

Derecha Pese a la be-
lleza reposada de este
lago azul, el parque de
Yellowstone (EE.UU.)
es uno de los hábitats
más inhóspitos de la
Tierra. Sólo unas pocas
bacterias sobreviven
en este ambiente vol-
cánico.

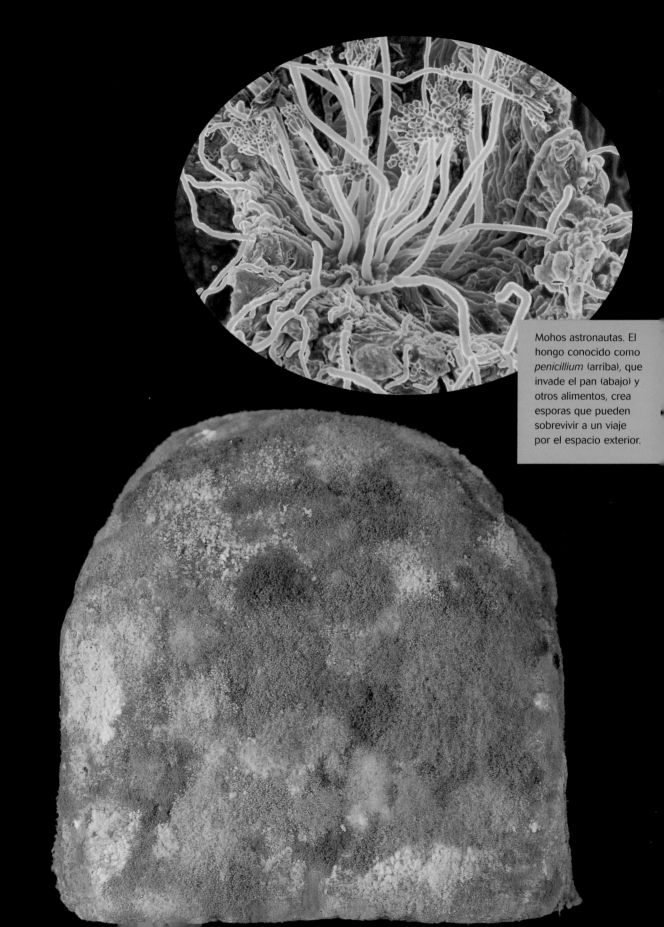

Mohos astronautas. El hongo conocido como *penicillium* (arriba), que invade el pan (abajo) y otros alimentos, crea esporas que pueden sobrevivir a un viaje por el espacio exterior.

Intraterrestres

Las esporas de los hongos y las bacterias pueden ser viajeros extraterrestres, pero además hay otros organismos similares, descubiertos recientemente, que están siendo estudiados por sus posibles similitudes con la vida que puede habitar otros planetas. Estos intraterrestres se encuentran por debajo de la superficie de nuestro planeta.

Por un momento se creyó que cualquier vida subterránea necesitaría de un reaprovisionamiento constante desde la superficie terrestre, teniendo en cuenta las profundidades en las que podrían encontrarse. Pero los científicos han desarrollado la habilidad de aislar muestras y detectar restos de vida sin importar la profundidad en que estuvieran, ya que el corazón de estas vidas aún contenía microorganismos.

A más de 100 metros, protozoos unicelulares, conocidos como flagelos, cazan pequeñas bacterias intraterrestres nadando por las fisuras de las rocas y buscando nidos de bacterias. Debajo de los 100 metros, las bacterias tienen las rocas para ellas solas.

Excavaciones recientes a través de rocas sedimentarias del río Savannah, en California, encontraron vida a 500 metros por debajo de la superficie. En aquel momento, núcleos extraídos del sedimento en cada océano encontraban grandes cantidades de vida a profundidades de 750 metros. Como las poblaciones rara vez decrecían al aumentar la profundidad, se pensó que había vida a más profundidad.

En los sedimentos, las formas de vida impregnan la estructura por completo, abriéndose camino por cada poro. Algunos sedimentos se extienden 15 kilómetros bajo la superficie terrestre y proporcionan un refugio potencial para una enorme masa de organismos vivos. En la roca sólida ígnea, la vida se confina en las fisuras, pero incluso se ha encontrado en el granito a 860 metros de profundidad. Con tan amplio espacio para desarrollarse, es probable que la vida en la biosfera profunda sea mayor que toda la vida que se encuentra en la superficie.

La bacteria sobrevive en las roca sedimentarias consumiendo restos de materia orgánica prehistórica; para obtener oxígeno, rompen cortezas de hierro, azufre y magnesio. Consiguen comida por etapas: un microorganismo provee de comida al resto en cadena. Literalmente, cientos de diferentes especies se adaptan a sus propios nichos especializados y sobreviven en un espíritu cooperativo entre las rocas.

Lo más increíble es que también se ha encontrado vida en rocas que no contienen restos de vida anterior. Aquí, la bacteria sobrevive comiéndose la roca. Crean su propio alimento al disolver hidrógeno y dióxido de carbono.

Por si estas comedoras de rocas no fueran demasiado extrañas, están eclipsadas por las bacterias amantes del calor que recientemente se han descubierto en minas de oro. Su vida se desarrolla a 3,5 kilómetros de la superficie y actúan como alquimistas en miniatura, creando oro en secreto. Como se alimentan de la roca, provocan que el oro salga de ella y, en este proceso, la bacteria queda empolvada con fragmentos microscópicos de oro. Parece que estas bacterias de 22 caras se tumban sobre las grietas, conviertiéndose en los seres más valiosos sobre la Tierra.

Muchas de estas bacterias intraterrestres viven a un ritmo vital muy lento —se dividen una vez cada 100 años— si lo comparamos con las tres veces por hora de las bacterias de la superficie. Generaciones de estos organismos han vivido sin tener contacto con la superficie durante millones, por no decir billones, de años.

Estas escalas de tiempo nos parecen inconcebibles, pero nuestro concepto del tiempo es raro para pensar en el de estas especies. Cada organismo tiene su propia noción del tiempo, como veremos en el capítulo 5.

Abajo Las esporas de los hongos de los bejines ampliados 10.000 veces.

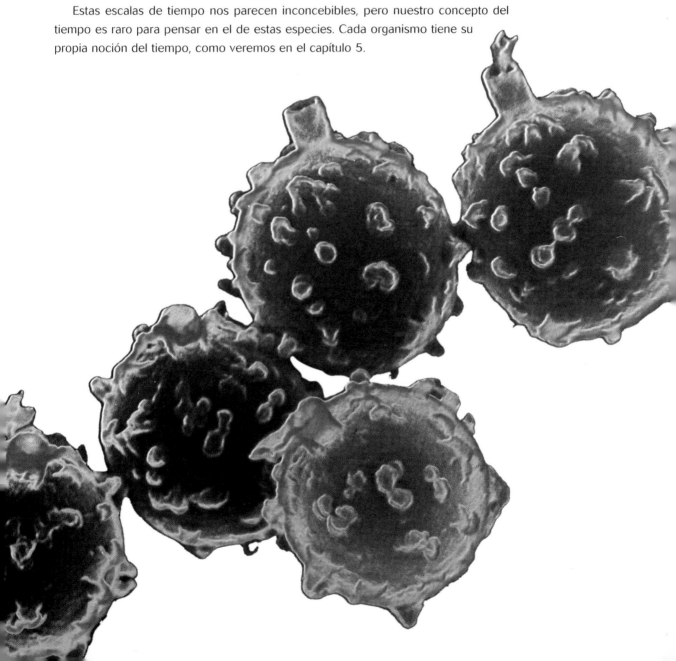

5

EL HILO
DEL TIEMPO

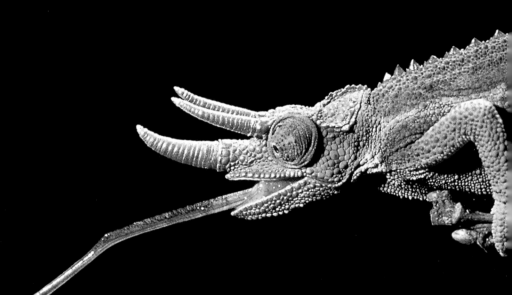

Hay algo intangible sobre el tiempo. Aunque podemos medir su avance con una precisión cada vez mayor, aún nos resulta casi imposible definirlo. Para añadir más confusión, su paso a veces parece variar. Si tenemos fiebre y aumenta nuestra temperatura corporal, el tiempo parece ralentizarse. Según qué drogas se usen, la percepción del paso del tiempo puede acelerarse o frenarse. Cuando nos enfrentamos a situaciones en las que peligra nuestra vida, las oscilaciones de su velocidad se vuelven casi paranormales: es como si hubiéramos expandido la fabricación del tiempo.

Aunque a veces podamos asomarnos brevemente a estos mundos temporales distintos, otras criaturas están en ellos de manera continua. Algunas son especialistas de la expansión del tiempo, percibiendo segundos como si fueran una unidad de tiempo mucho mayor. Suele tratarse de depredadores: expandir el tiempo les aventaja frente a sus presas cuando realizan movimientos rápidos. Otros actúan esperando y dejando pasar el tiempo. Para los reptiles y otros animales de sangre fría, el tiempo es una experiencia que varía: pasa deprisa si hace frío, pero va a menor velocidad si su cuerpo está caliente y van a cazar.

Algunas criaturas han desarrollado técnicas criogénicas (la habilidad de sobrevivir a temperaturas extraordinariamente bajas) y se aíslan del paso del tiempo; otras han encontrado sistemas para saltarse siglos e incluso milenios, viajando realmente a través del tiempo.

Cómo cada organismo percibe el paso del tiempo está en el centro de su existencia; pero, a pesar de que estas percepciones varían de una especie a otra, siguen conservando el mismo modo de establecer los días y las noches. La vida tiene un ritmo que late según el ciclo de luz y oscuridad provocado por el Sol. Este pulso diario se sincroniza con los relojes internos de casi todas las plantas y animales del planeta. Y, como vimos en el capítulo 3, la Luna actúa como una referencia temporal secundaria para muchos animales y plantas.

Fusión de parpadeos

Una de las más extraordinarias maneras de percibir el tiempo es el modo en que varias criaturas registran en sus ojos sucesos que pasan a gran velocidad. Si una libélula entrara en un cine y mirara la pantalla, sus ojos obtendrían sólo una versión fragmentada de la película. Si ignorara estos molestos flashes y siguiera mirándola, vería algo más parecido a una sesión fotográfica en la que se pasan diapositivas a gran velocidad que no una acción continua. Esta diferencia entre la libélula y nosotros se debe a su percepción acelerada del tiempo.

La industria cinematográfica presupone la resolución lenta de nuestra percepción visual para que una sucesión de imágenes estáticas se convierta en una acción continua. El intervalo en el que se suceden estas imágenes es conocido como nuestra «fusión de parpadeos». Ésta varía de 10 imágenes por segundo con una iluminación pobre hasta 50 imágenes por segundo si hay una buena iluminación. Aunque sólo se muestran 24 fotogramas por segundo, el proyector repite tres veces cada imagen para asegurar la ilusión de acciones continuadas, libres de parpadeo alguno.

La libélula del cine, con una fusión de parpadeos de 400, llega a ver intervalos de tiempo entre 8 y 20 veces más cortos que nosotros. Esta percepción acelerada elimina el disfrute de la magia de Hollywood para del insecto, pero cuando éste se enfrenta a la vida real, estos poderes significan la diferencia entre la vida y la muerte, permitiéndole evitar al instante el manotazo repentino de un miembro de la audiencia.

Una araña que fuera al cine apreciaría la película mucho mejor que la libélula. La velocidad de su fusión de parpadeos iguala la nuestra, por lo que vería una acción

Anterior Tiempo de espera. La lengua móvil del camaleón se mueve más rápido que su cuerpo. Esta técnica compensa la gran velocidad de las reacciones de sus presas.

continua, aunque su percepción de detalles fuera muy pobre. Esto obliga imperiosamente a las arañas a utilizar una red para capturar a sus víctimas; aunque esto no ocurre con todas: las arañas lobo, que cazan de un modo activo a su presa, tienen la visión mucho más desarrollada que sus parientes. Las arañas lobo han demostrado que poseen una genuina apreciación de las películas. Mostrándoles imágenes de una presa, los científicos han provocado en ellas la reacción que cabría esperar de una audiencia adolescente al ver a Arnold Schwarzenegger tirando bombas de mano.

Expandir el tiempo

Muchos insectos perciben sólo una imagen burda y fragmentada del mundo que les rodea; por ello, para poder experimentar su mundo de forma clara, pagarían por ser una libélula. Los ojos compuestos de los insectos tienen más facetas que cualquier otro y, gracias a que éstos incrementan su definición visual, las 30.000 facetas de que dispone la libélula le dan una visión del mundo que reconoceríamos. Pero tiene también una frecuencia de fusión de parpadeos de 300, seis veces mayor que la nuestra, lo que crea una gran diferencia respecto a los eventos que suceden a gran velocidad.

Si empezara a llover y adquiriéramos una visión de libélula, en lugar de ver caer líneas de agua, nuestros ojos registrarían cada gota de lluvia como una esfera brillante. Cuando llegaran al suelo, se deformarían y colapsarían, para luego alzarse y formar algo similar a una efímera corona de cristal. Si camináramos, estas coronas, formándose y colapsándose, surgirían del pavimento junto a nuestros pies; alrededor de nuestras cabezas, cientos de gotas caerían como cuentas de cristal. Esta hermosa visión podría deformarse por la resolución limitada de la visión, incluso la de la libélula. La precisión del detalle que percibe un insecto está limitada por su tamaño; para lograr la resolución de nuestra visión, deberían existir insectos de un metro de longitud.

Las aves tienen la mejor visión de todas las especies, superior también a la nuestra. Además de ver más detalles y color que nosotros, tienen una frecuencia de fusión de parpadeos mayor. De entre las pocas aves a las que se ha medido su visión, los pollos mostraron una frecuencia de fusión de parpadeos de 100 y las palomas de 140, de lo que se deduce que las aves de presa, que necesitan maniobrar a gran velocidad, poseen índices de frecuencia mayores. Está claro que las aves ven más detalles que nosotros en hechos que suceden a gran velocidad. Al igual que las libélulas, podrían ver la magia oculta en una cortina de lluvia y, de una manera menos poética pero más práctica, perciben los movimientos de su presa como si se hubiera ralentizado.

La necesidad de índices elevados de fusión de parpadeos es patente desde el momento en que se considera que insectos y aves están enfrentados. El alcotán caza libélulas y, aunque la agudeza visual de estos pequeños halcones es mucho mayor que la del insecto, éste, además de percibir intervalos menores de tiempo, también puede

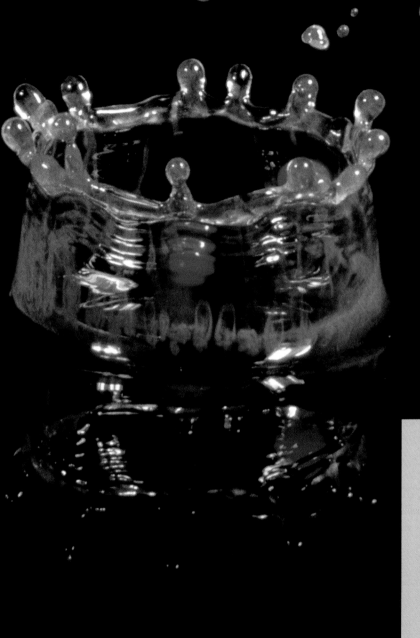

Opuesta Los ojos de un cazador expanden el tiempo. Muchos insectos predadores, como esta libélula del sur, pueden ver intervalos de tiempo menores que nosotros, como la belleza de una gota de agua al caer (derecha), aunque a una resolución mucho inferior a la humana.

reaccionar con mayor rapidez. Esta combinación hace que la libélula sea una buena competidora para un alcotán que caza en el calor diurno. Pero el halcón tiene una solución sencilla: espera. Cuando la temperatura del día baja, también lo hace el índice de fusión de parpadeos del insecto y su capacidad de reacción. Justo antes del crepúsculo, cuando caza el alcotán, el tiempo en el que transcurre la caza está a su favor.

Confusión temporal

Algunas serpientes han descubierto las ventajas de burlar la frecuencia de la fusión de parpadeos de sus presas. Las serpientes coral de Sudamérica y las bandy bandy de Australia tienen anillos concéntricos de vistosos colores. En el pasado se creía que los usaban como aviso, informando a los predadores potenciales de que eran venenosas. Sin embargo, como muchos cazadores, como halcones y caracaras, atrapan serpientes venenosas, el motivo real de estos círculos parece ser más complejo.

Cuando una serpiente se mueve, los animales que poseen una frecuencia baja de fusión de parpadeos, como los mamíferos, dejan de ver estos círculos. Las bandas se mezclan creando un color marrón que las camufla en el entorno. Las rayas reaparecen al detenerse la serpiente. El cambio repentino entre el camuflaje y la táctica de *shock* confunde a los atacantes y proporciona al reptil una oportunidad para escapar.

Los depredadores con una frecuencia mayor de fusión de parpadeos experimentan una ilusión óptica distinta. Ven cómo se mueven las bandas, pero les parece que lo hacen en dirección opuesta. Un efecto similar, llamado estroboscópico, aparece en los westerns antiguos, cuando la velocidad de la película se enfrenta a la velocidad de rotación de una rueda. Esta desconcertante reversión del movimiento hace que el depredador ataque el extremo equivocado de la serpiente, permitiéndole escapar.

Tiempo ralentizado

Así como distintos depredadores tienen visiones diferentes de los anillos de la serpiente, cada animal percibe el paso del tiempo de forma distinta. Unos perciben pequeños intervalosy, otros, intervalos muy largos para que nosotros podamos notarlos.

Como vimos en el capítulo 1, los caimanes se comunican entre sí por infrasonidos situados por debajo de la audibilidad humana. El caimán que oye el mensaje responde tras 20 minutos. Estas largas comunicaciones tardaron en ser descubiertas, pues no estamos acostumbrados a mundos temporales tan lentos. Del mismo modo, algunas criaturas ven moverse objetos a velocidades tan lentas que nos parecen estáticos.

Los cangrejos ven el movimiento del Sol y la Luna en el cielo: a ellos les parecen contornos borrosos que se mueven. Esto les señala el Oeste y lo utilizan para orientarse. Los conejos y los perros también ven este movimiento, así que deducimos que la detección de estos tipos de movimiento lento se da en otras especies.

Los mosquitos perciben a baja resolución, tanto en términos de agudeza visual como porque no pueden ver objetos que se muevan a gran velocidad. La visión de eventos a gran velocidad no les es útil, pues se alimentan de la sangre de criaturas lentas o durmientes. El inconveniente es que son presas fáciles para depredadores.

Deformar el tiempo

Aunque los animales perciben diferentes mundos temporales, su visión no tiene por qué ser constante; puede variar según las condiciones climáticas.

Podemos ver ya que la luz, enfocada por la lente que hay en nuestro globo ocular, reacciona con las sustancias químicas sensibles a ella, conocidas como fitoquímicas, que se encuentran en los conos y bastones de nuestra retina, creando una impresión de luz, oscuridad y color. Como se trata de un proceso químico, se ve afectado por la temperatura, y las reacciones químicas se ralentizan a medida que se enfría el ambiente. Los animales de sangre caliente, como los pájaros y los mamíferos, pueden mantener su visión incluso en los días más fríos, pero las criaturas de sangre fría necesitan mantenerse calientes para poder percibir eventos que sucedan a velocidades altas.

Una tortuga de jardín, que ha sobrevivido al invierno gracias a la hibernación, experimenta una deformación visual del tiempo en el momento de levantar la tapa de su caja de heno. La fitoquímica de sus ojos reacciona despacio a la avalancha de sensaciones que le llegan. Gradualmente empieza a percibir una imagen de la habitación, pero el excitado niño, moviéndose alrededor de la tortuga, no permanece nunca el suficiente tiempo en un lugar como para registrarlo de un modo claro. La única traza que deja el niño tras de sí es una mancha borrosa. Sólo si se detiene para observar a la tortuga, la mancha se convierte en una imagen detallada; pero en cuanto el niño mueve su mano para cogerla, la imagen vuelve a convertirse en una mancha borrosa.

Mientras trasladan a la tortuga al jardín, su desorientada visión perdura: el mundo se convierte en una mancha neblinosa, como si huyera en una estampida a través de paredes líquidas. Sólo cuando llega a la hierba, el mundo a su alrededor se estabiliza y pasa a ser reconocible. Las sombras fluidas que tenía sobre sí se solidifican en la forma reconocible de unos árboles; la casa ya no fluye como la lava y la hierba de su entorno se estabiliza. Incluso el niño adquiere una figura concreta mientras se detiene para comprobar el estado de su mascota, aunque se volverá a convertir en un contorno borroso tan pronto como salga corriendo para ir a jugar.

Este tipo de visión parece una desventaja, pero el mundo, observado por una tortuga, aparece completamente normal. La tortuga, moviéndose a baja velocidad, tiene suficiente tiempo para poder registrar su entorno. Los objetos que se desplazan a gran velocidad suelen causarla pocos problemas; e incluso, si se los causan, la tortuga puede evitarlos fácilmente: se esconde en su caparazón y espera a que pase el peligro.

Arriba y opuesta Si hace frío, las reacciones y la visión del cocodrilo son lentas. Calentándose al Sol, puede captar presas rápidas, que si no serían una mancha borrosa.

Pero la percepción temporal de la tortuga puede variar. Tan pronto como el Sol está en su punto álgido, suceden extraños acontecimientos: manchas en el paisaje se convierten en niños jugando y, cuando se acerca un balón, la tortuga reacciona y se esconde en su caparazón. El calor mejora su percepción del tiempo y le permite compartir nuestro mundo temporal.

Como las tortugas de hojas estáticas, esta percepción temporal tiene poco efecto en sus hábitos alimenticios, pero para los depredadores de sangre fría las cosas son distintas.

Antes de que un cocodrilo pueda alimentarse, debe tomar un baño de Sol. Al contrario que los depredadores de sangre caliente, debe calentarse antes de que pueda ver siquiera a su presa. Cuando reposa, es observado por otros animales salvajes, desesperados por poder beber. Mientras la manada está en movimiento y el cocodrilo aún está frío, los animales no tienen nada que temer: el cocodrilo sólo los ve como manchas. Pero, cuando se ha calentado, empieza a fijar a la presa en su visión. Incluso los animales más veloces se vuelven visibles. Entonces el cocodrilo se sumerge en el agua y empieza a acechar a su presa.

Los cocodrilos son afortunados ya que por lo geneal habitan en lugares con climas suficientemente cálidos como para permitirles ver y cazar. Los cazadores de sangre fría que viven en climas fríos tienen un serio problema, pero lo resuelven con ingenio.

Muchos tiburones cazan inicialmente usando el olfato y el oído, y luego utilizan un sentido eléctrico para localizar la presa. El gran blanco es distinto: en los últimos estadios de la cacería, sale a la superficie para localizarla, en una técnica conocida como «salto espía». Pero, debido a que suele patrullar las aguas frías del océano, y no las calientes de los arrecifes de coral, sus ojos reaccionan demasiado lentamente como para lograrlo. Para ello, tiene una simple e inteligente solución: calentadores oculares.

Éstos funcionan trasladado calor desde los músculos del cuerpo hacia los ojos. Al mantener sus ojos calientes, el tiburón es capaz de localizar y cazar los peces y focas más rápidos. Ésta solución es tan útil que otros depredadores de sangre fría, como el pez espada, el pez aguja, la aguja de mar o pez vela, tienen sus propios diseños.

El pez espada suele nadar 600 m por debajo de la superficie, donde la temperatura puede descender hasta los 5ºC. Para poder penetrar en la oscuridad posee grandes ojos, del tamaño de la uva, que atrapan la luz . Pero el pez espada debe mantener sus intensificadores de imagen a temperaturas de 20ºC a 25ºC, ya que debe perseguir a su presa a velocidades de 60 km/h. Como el tiburón, el pez espada resuelve su percepción temporal con un órgano productor de calor que sube la temperatura de su cerebro y sus ojos por encima de las frías temperaturas oceánicas.

Velocidad de reacción

La velocidad de percepción y la velocidad de reacción de un animal suelen ir a la par. Los animales depredadores necesitan una percepción visual veloz para seguir a su presa y también reacciones veloces para capturarlas. Del mismo modo, las presas deben ser capaces de ver al depredador acercárseles y de realizar acciones más veloces todavía para poder eludirlos.

La mosca es uno de los animales más rápidos. Percibe lapsos de tiempo más cortos que los que nosotros vemos; reacciona en una milésima de segundo, cinco veces más rápida que nuestra velocidad de reacción. Para capturar una mosca, un animal debe poder superar la percepción visual de ésta, su velocidad de reacción y su habilidad de acelerar rápidamente un cuerpo tan pequeño hasta velocidades increíbles. Para vencer esta amalgama de energía cinética, los depredadores recurren a trampas, como la tela de una araña, o desarrollan métodos que sobrepasan la capacidad de reacción de la mosca. Los sapos y los camaleones usan una lengua expansible que puede ser lanzada rápidamente para capturar a un insecto que esté volando.

Otros animales han desarrollado métodos incluso más ingeniosos para poder capturar presas que se muevan a gran velocidad. El pez rana ha desarrollado su propia trampa para dividir el tiempo, que funciona a velocidades que desafían la razón. Camuflado como un colorido coral, este bizarro pez bulboso se arrastra por los arrecifes gracias a aletas modificadas que actúan como piernas. Su aleta dorsal también se ha modificado, pero de un modo que le permite capturar a sus veloces presas. En algunas especies, esta aleta ha adoptado la forma de la carnada preferida de los pescadores: un gusano; otros prefieren usar la forma de un camarón o de un pez pequeño. El pez rana deja colgando este cebo frente a su boca, y cualquier pez tentado por la oferta sufre un extraordinario fin: desaparece como por arte de magia.

El secreto que se esconde tras esta desaparición es una boca que, en un instante, puede extenderse hasta doce veces su tamaño normal para alcanzar y capturar a su presa. La extensión de la boca se da en tan sólo cuatro milésimas de segundo. Una velocidad tan alta que otros miembros del banco de peces no perciben la pérdida de uno de sus miembros y, frecuentemente, siguen su destino.

Como es de esperar, los caracoles tienen una de las velocidades de reacción más lentas del reino animal. Si golpeas levemente la cabeza de un caracol, verás que en poco tiempo desaparece bajo su coraza. Pero golpéala cuatro veces y éste intentará arrastrarse sobre el objeto que lo ha golpeado: simplemente es incapaz de discernir los intervalos entre los golpes, por lo que cree que ha dado contra un objeto sólido.

Excepto por unos pocos animales como el caracol, las criaturas menores reaccionan más velozmente que las mayores debido a que los mensajes del sistema nervioso tardan menos en transmitirse. Golpea la cola de un dinosaurio y tardará mucho en llegar a su cerebro. Los animales más pequeños tienen un sistema nervioso menor, por lo que los mensajes llegan antes porque deben recorrer un trayecto menor.

Relojes corporales

Los animales perciben el tiempo de forma distinta y reaccionan a velocidades diferentes, pero todos señalan su paso del mismo modo.

El mundo tiene un ritmo universal de 24 horas. Cuando la Tierra rota sobre su eje, el Sol se alza y se pone, creando un pulso diario de luz que influye en todas las criaturas de la Tierra. Este ciclo circadiano es tan poderoso que la vida se ha adaptado para latir al son de su ritmo. Cada célula de todo animal señala el tiempo de acuerdo con el latir universal. Estos relojes corporales, sincronizados por un reloj maestro, gobiernan la actividad del organismo y controlan la mayoría de sus procesos corporales.

Nuestras señales temporales indican cuándo debemos comer o dormir, pero también señalan la liberación de hormonas, reducen la temperatura corporal por la noche y controlan gran número de otros procesos internos. Esto tiene efectos sorprendentes, provoca mayor número de ataques de corazón por la mañana y hace que el asma sea peor durante el día. Nos volvemos conscientes de su influencia cuando los viajes de avión nos llevan a través de las zonas horarias, causando lo que se llama *jetlag*.

Igual que nosotros, los animales y las plantas utilizan sus relojes internos para asegurarse de que están activos en el momento correcto del día y de que sus cuerpos están fisiológicamente preparados para realizar las tareas que les son propias.

El reloj corporal de la abeja marca con precisión su llegada a las flores, visitando diferentes plantas a determinadas horas. Las flores también están preparadas para saber cuándo producir néctar o abrir los pétalos. Dividiendo el día en franjas horarias distintas, las flores evitan competir entre ellas para captar la atención de las abejas.

En África, cinco especies distintas de hormigas que viven juntas utilizan sus ritmos circadianos para evitar la competencia directa. Trabajan por turnos, volviendo una especie al hogar cuando la otra empieza su trabajo. Las abejas y los pájaros usan sus ritmos circadianos para orientarse gracias al desplazamiento del Sol a través del cielo. Utilizan su posición en momentos distintos del día como una brújula.

De forma sorprendente, los seres que viven menos de un día tienen también un ritmo circadiano para medir su actividad. Las bacterias *cianofíceas*, que se dividen en menos de 24 horas, tienen un ritmo diario que permite a cada generación, justo antes del amanecer, producir enzimas que ayudan a la fotosíntesis (el proceso que produce el alimento del organismo). Estos relojes corporales están sincronizados con el ciclo solar, pero, incluso cuando están fuera de la influencia del Sol, siguen computando las horas y los segundos. Aunque los topos son ciegos y viven bajo tierra, su reloj corporal late siguiendo el ritmo del Sol y le dice cuándo es más seguro subir a la superficie.

Los relojes corporales funcionan independientes del movimiento del Sol, pero a veces necesitan tomarlo como referencia para mantenerlos en hora. En los vertebrados, la glándula pineal (Capítulo 2, página 67) realiza esta comprobación diaria del movimiento del Sol. Anfibios, reptiles y aves perciben estos cambios a través de su piel. Los mamíferos, incluso los humanos, los perciben a través de los ojos y la información es enviada a la glándula pineal. Esta glándula mantiene al cuerpo en hora, segregando melatonina a intervalos determinados por un reloj maestro situado en el cerebro.

Aunque muchos organismos tienen un reloj maestro sincronizado, también las células del cuerpo tienen relojes miniatura; incluso un miembro amputado continúa señalando el tiempo y sus relojes internos pueden actualizarse al situarlo a la luz del día.

Aunque los relojes corporales de los animales que permanecen en una oscuridad perpetua continúan señalando el tiempo, sin una diaria referencia con el Sol, sus ciclos de 24 horas empiezan a ir a la deriva. En los humanos, se convierte en un nuevo período de 26 horas; otros animales tienden a un ciclo propio. Esta imprecisión parece señalar una debilidad, pero tras millones de años, el ciclo solar ha cambiado y, debido a que los relojes corporales se pueden ajustar, éstos se han adaptado a los cambios. De cualquier modo, cada día el Sol actúa como un enorme sincronizador y este pulso diario actualiza los relojes corporales de todos los organismos terrestres.

Relojes anuales

Igual que hay relojes que señalan el paso de los días, muchos organismos tienen relojes que marcan también los años. Aunque algunos animales y plantas de climas templados perciben el paso de las estaciones por el cambio de la longitud del día, es posible que posean un reloj anual que controla sus ciclos reproductores. En los trópicos, donde la duración del día apenas varía, estos relojes anuales adquieren mayor importancia. Las aves que pasan el invierno en los trópicos, como la curruca, necesitan poseer un reloj anual que les indique cuándo finaliza el invierno para poder volver a sus zonas de cría.

Debido a que las condiciones en los trópicos son menos variables que en las zonas temperadas, los animales que permanecen allí tienen una necesidad menor de utilizar relojes anuales estrictos. Las golondrinas y los pájaros bobo utilizan sus relojes internos para crear ciclos alimenticios propios, variando de ocho a diez meses.

Los relojes más osados podrían ser los de las cigarras de Norteamérica. Éstas pasan años bajo tierra como larvas, sorbiendo la sabia de las raíces de los árboles. Entonces, simultáneamente, mediante alguna misteriosa señal, emergen de la tierra para reproducirse. Cada especie varía el número de años que permanece bajo tierra; unas pasan trece años, otras diecisiete, pero siempre un número primo, peculiaridad que se cree que utilizan para que a los depredadores, que se multiplican en años pares, les sea difícil sincronizar sus poblaciones con estos comportamientos periódicos.

Opuesta Visión hipertérmica. Los tiburones blancos son cazadores de aguas frías. Sus calentadores en los ojos tienen su percepción a velocidades elevadas.

La velocidad del tiempo

Aunque todos los seres confían en sus relojes internos para medir su existencia, el tiempo que viven depende de la velocidad a la que desarrollen su vida. Esta velocidad se conoce como índice metabólico de un animal. Se mide mediante los latidos del corazón, la frecuencia de la respiración y la velocidad a la que el cuerpo consume las reservas de combustible. Estas funciones están relacionadas: el ritmo cardíaco y el ritmo de la respiración se incrementan proporcionalmente.

La longevidad de un animal se relaciona con su tamaño. Los más pequeños viven a una velocidad metabólica mayor; los más grandes, a una menor. Comparad un elefante con una musaraña elefante: en apariencia, sólo tienen en común una nariz larga y flexible. La musaraña elefante pesa unos pocos gramos; durante un minuto su corazón late 800 veces y sus pulmones respiran cerca de 200 veces. En el mismo tiempo, el corazón de un elefante de 5 toneladas late 25 veces y respira sólo 6. De hecho, el elefante realiza todas sus acciones 30 veces más lento que la musaraña elefante. Para ambas criaturas el paso de la misma cantidad de tiempo tiene significados distintos.

Asimismo, un día para un ratón de 10 gramos equivale a dos meses para una ballena azul de 100 toneladas. La velocidad metabólica se relaciona con la longevidad: los animales pequeños completan su ciclo vital más rápido que los grandes. Un elefante puede vivir 78 años, las ballenas 90 o 100 y una musaraña o un ratón no suelen vivir más de un año. La longevidad de muchos animales está relacionada directamente con su tamaño, que a su vez está relacionado con la velocidad metabólica. Todos los mamíferos, ya sean ratones, musarañas o elefantes, realizarán cerca de 200 millones de ciclos respiratorios y 1.000 millones de latidos de corazón a lo largo de sus vidas.

Los humanos hemos aumentado la longevidad respecto a la que nos correspondería por nuestro tamaño. Otros animales de tamaño similar viven de 25 a 30 años. En este tiempo realizamos cerca de 200 millones de ciclos respiratorios y 1.000 millones de latidos de corazón ¿Por qué somos entonces una excepción tan afortunada?

Muchos animales mueren violentamente siendo comida para otros, pero la naturaleza elimina de modo cruel a los que viven tras su período reproductor. Los animales, incluyendo los humanos, están diseñados para autodestruirse: el envejecimiento evita malgastar recursos manteniendo un cuerpo improductivo. Pero, al evolucionar hacia seres más inteligentes, ya no se aplica esta norma biológica que nos declararía improductivos tras nuestro período reproductor. Gente demasiado vieja para tener hijos sigue teniendo un papel en la sociedad, alimentando su descendencia o trasmitiendo su conocimiento. La reverencia que se da a las personas mayores en las sociedades tribales confirma el valor de ignorar las leyes naturales con respecto al envejecimiento.

Pero las leyes naturales sólo se han aplazado, no cancelado; como otros animales, nuestro metabolismo descuenta los años hasta llegar a la muerte.

Pasión mortal

El que muchos animales existen para autodestruirse lo demuestra de modo sorprendente un ratón marsupial de Australia llamado *antechinus stuartii*. Los machos son famosos por la rara tendencia a entregarse a la muerte. Al final del invierno, las hormonas del *antechinus* los convierten en maníacos sexuales. Se hacen unos amantes tan entusiastas que la cópula puede durar hasta 12 horas. Al finalizar esta apasionada sesión, cambian de pareja inmediatamente. Su maratoniana orgía puede llegar a implicar hasta 16 parejas y debido a la duración de la cópula no pueden descansar, beber, ni dormir. Como cabría esperar, tras unos días de pasión salvaje empiezan a mostrar signos de fatiga. Comienzan a parecer anoréxicos y ojerosos y a perder el pelo. Los rivales infligen un daño mayor. A medida que pierden su salud, sus actividades se vuelven peligrosas; la maratón reproductora tiene lugar en las copas de los árboles y, cuando los machos se colapsan debido al cansancio, caen al suelo como frutos maduros y a menudo mueren en medio del acto sexual. Al cabo de dos o tres semanas han muerto todos los machos. Los cadáveres muestran los signos de una ingente degeneración, con señales de flaqueza, desgaste e infectados de parásitos.

Por fortuna, el mensaje que el *antechinus* trae consigo no es que el sexo frecuente es perjudicial para la salud, sino que el envejecimiento puede estar provocado por las hormonas. Los salmones del Pacífico muestran un envejecimiento similar tras el acto de reproducción. Cuando mueren, sus cuerpos en descomposición fertilizan la tierra, creando un crecimiento acelerado de algas que alimenta su descendencia.

Seres longevos

Para la mayoría de los animales, el envejecimiento depende de la velocidad del metabolismo. Debido a esto, hay varias formas de alargar la vida. Una de ellas es tener la sangre fría, pues el ritmo metabólico de los animales de sangre fría depende de la temperatura ambiente. En ese caso, su metabolismo avanza lentamente, pero tan pronto como sus cuerpos se calientan, se acelera. El modo en que esto afecta a su longevidad se hizo patente al estudiar los peces de pesca favoritos de América: los abadejos. En los estados cálidos del sur sobrevivían cerca de dos o tres años, mientras que en las aguas glaciales de Canadá las mismas especies llegaban a vivir hasta veinticinco años.

El método por el que otros animales de sangre fría, los reptiles, sobreviven es a menudo materia de especulación, pues los animales acostumbran a subsistir más que cualquier observador humano. Récords de zoos y de animales de compañía sugieren que pueden vivir largas vidas y que las tortugas viven las más largas.

Una tortuga gigante de Aldabran ostenta el récord indisputado de 152 años, y otras muchas especies, como las que se llevaron a principios del siglo XIX a una isla desde Zanzíbar, parecen haber vivido 180 años. Excepto por el escepticismo científico más

Dadas las diferencias de tamaño entre un elefante y una musaraña elefante (a la derecha), ¿qué pueden tener en común además de su trompa flexible? Comparten el mismo número de latidos del corazón. La musaraña vive a alta velocidad y necesita ir 30 veces más rápido que el elefante.

Opuesta arriba Las tortugas gigantes, como ésta de las Galápago, son los más longevos de todos los vertebrados. Algunas pueden llegar a los 200 años de edad.

Opuesta abajo Una existencia perezosa. El perezoso vive en un estado de continuos movimientos lentos. Destina un 80 % de su tiempo a dormir y a menudo dan cabezadas mientras andan.

irracional, no hay motivo alguno para dudar de que alguna de estas criaturas pueda llegar a vivir 200 años, e incluso 250. Una tortuga que entregó el capitán Cook al rey de Tonga se cree que vivió 193 años. El secreto de la longevidad de las tortugas es vivir despacio; hasta bajo circunstancias extremas, su velocidad máxima apenas alcanza los 0,27 km/h y la mayor parte del tiempo su metabolismo está casi desactivado.

El arte de vivir cómodamente ha sido perfeccionado por la tuátara, un reptil de Nueva Zelanda cuyos ancestros convivieron con los dinosaurios. Su velocidad metabólica es suficientemente alta como para mantener los procesos vitales y se sabe que se duerme cuando mastica su alimento. A los veinte años alcanza la madurez sexual y se reproduce cada cuatro años. Su ociosidad le proporciona una gran longevidad: puede llegar a alcanzar los 100 años de vida, quizá incluso más, y algunos especulan que podría cumplir los 200.

Algunos mamíferos usan también la ociosidad para expandir sus expectativas de vida. Los perezosos, por ejemplo, viven según su nombre. Tienen una velocidad metabólica de un 40 a 45 % de la esperada para un animal de su tamaño y viven en un estado perpetuo de movimientos lentos. Pasan cerca del 80% de su vida durmiendo; al estar activos, cada movimiento es deliberado. Incluso el proceso de comer una hoja implica el mínimo ejercicio necesario. Han de conservar la energía, pues las hojas tropicales que comen proporcionan poco alimento. La digestión es también un proceso largo: puede pasar un mes para que la comida vaya del estómago al pequeño intestino, un proceso que en un humano tarda cuatro horas.

Además de este metabolismo ralentizado, los perezosos poseen la temperatura corporal más baja de todos los mamíferos que están en activo. El perezoso de dos colas puede reducir su temperatura hasta un mínimo de 24°C desde una temperatura normal de 33°C. Toda ociosidad contribuye a una larga pero inactiva vida ¿Podría ser entonces la inactividad la clave para la longevidad?

Fecha de caducidad

Hay varias teorías sobre el envejecimiento; una reciente sugiere que nos contaminamos lentamente con el oxígeno que respiramos. Este gas nos da la energía necesaria para desarrollar los procesos vitales, pero con el tiempo nos hiere al liberar electrones de nuestras células que, combinados con los átomos, crean unos radicales libres muy reactivos e inestables. Éstos dañan nuestras molécula y provocan un progresivo envejecimiento. Como hemos visto, los animales que viven a una velocidad metabólica alta, respiran a más velocidad y así aceleran el proceso de envejecimiento.

Otra teoría sugiere que envejecemos porque el cuerpo está en constante renovación y reparación. Tras diez años, casi todas nuestras células han sido reemplazadas. Pero cada reparación puede ser imperfecta; en esta regeneración, hay mutaciones y errores. Con el tiempo, estos errores se evidencian con signos de envejecimiento. Los animales con un metabolismo más acelerado, cuyas células se reponen más rápido, envejecen a mayor velocidad que los que tienen un metabolismo más lento.

Cualquiera que sean las razones del envejecimiento, lo que es evidente es que los animales que viven de acuerdo con un metabolismo más rápido envejecen antes que los que tienen uno más lento. En la naturaleza, los animales evitan la actividad innecesaria, optando por una existencia ociosa siempre que sea posible. Los depredadores como los leones pasan la mayoría del tiempo conservando energía, cazando cuando tienen hambre e incluso entonces prefieren emboscar a sus presas antes que malgastar sus energías persiguiéndolas. Reservan su energía para la carga final. En este momento, el cuerpo está sujeto a un estrés inevitable. A cada zancada, olas de *shock* pasan por sus extremidades, reverberando a través del animal que caza. A veces, un león realiza hasta cinco de estas carreras antes de alcanzar a su presa, y entonces el cuerpo recibe un mayor trauma. Ningún animal finaliza su vida de modo suicida; una cebra alcanzada intenta defenderse con coces y un búfalo con sus cuernos, por lo que pocos leones pueden cazar una presa sin sufrir sacudidas físicas. Estas pequeñas heridas se curan rápidamente, pero crean errores en el cuerpo que deben ser reparados. La acumulación de reparaciones aumenta el proceso de envejecimiento.

Un león salvaje no vive más de 15 años, mientras que un león en cautividad puede alcanzar los 30. Este incremento en la longevidad se aplica a casi todos los animales. Los loros enjaulados pueden llegar a los 80 años; en estado salvaje, no suelen vivir más de la mitad de este tiempo. Igual ocurre a los gatos, perros y caballos.

Varios factores afectan la supervivencia de animales en cautividad. Son alimentados a una edad en que serían muy lentos para hacerlo por sí mismos en estado salvaje o para defenderse de los depredadores. Por ello, envejecen más lentamente. La vida en cautividad tiene menos presiones, incluso hallar comida requiere un esfuerzo mínimo, y apenas sufren ninguna presión del medio, como el clima o el desgaste en general.

Así pues, el ciclo de daño y reparación es una fracción de lo que sería en estado salvaje. Su metabolismo se mantiene además más bajo; apenas necesitan acelerar el pulso de su corazón y por ello viven con sus sistemas internos siempre ociosos. Comparten nuestra despreocupación y se aprovechan de sus comodidades viviendo más.

En el mundo tecnológico de la sociedad desarrollada en que estamos, hemos llegado a vivir de modo letárgico, como hacen nuestras mascotas y animales en cautividad. Protegidos del estrés que provoca el medio ambiente, hemos ralentizado el proceso de envejecimiento y evitamos la muerte prematura y violenta. Así, si permanecer ociosos parece aumentar la expectativa de vida, ¿debemos abandonar la manía actual de practicar ejercicio que lleva nuestro cuerpo a un estrés físico innecesario?

Al ayudar a mantener una buena circulación, el ejercicio moderado beneficia la salud. Estar en buena forma reduce también la frecuencia de los latidos del corazón y mantiene el metabolismo a niveles bajos. Pero quienes realizan ejercicio extremo prolongadamente, como los atletas profesionales y los corredores de maratón, no suelen tener una vida larga. Su metabolismo está de continuo a un nivel alto y el latir acelerado de su corazón disminuye los años de vida. Más importante aun, el estrés diario de sus cuerpos en seguida afecta su sistema inmunológico. A corto plazo, son más propensos a infecciones menores; a largo plazo, sufren antes de enfermedades propias de edades avanzadas, en particular, aquellas, como la osteoartritis, asociadas al desgaste mecánico. El ciclo continuo de desgaste y reparación causa que se acumulen ADN y proteínas defectuosas, lo que acelera aun más el envejecimiento.

Si correr un maratón no es el secreto de una larga vida, ¿cuál es? Generalmente implica mantener una actividad razonable, pero evitando el estrés físico. Las aves parecen haber resuelto este problema al poder volar.

Al igual que los mamíferos, la esperanza de vida de un ave depende de su tamaño: las pequeñas viven unos cinco años; las grandes, como el albatros, pueden vivir más de sesenta años. Pero éstas tienen un metabolismo más veloz y una frecuencia de latidos mayor que los mamíferos de tamaño similar, y aun así viven más tiempo ¿A qué se debe esta paradoja? Al volar, parecen sortear el daño que sufren los animales terrestres. No sólo evitan el impacto regular del cuerpo contra el suelo, sino también los enfrentamientos que los dañarían al alzar el vuelo. Como si trataran de confirmar esta norma, las aves que no pueden volar tienen vidas más cortas que las que vuelan y los murciélagos viven más que sus parientes terrestres más cercanos, las musarañas.

Las criaturas que viven en el agua también están protegidas del estrés que sufren las terrestres, y viven más años. Las focas del Baikal llegan a vivir 56 años y las del Caspio 50, el doble que los mamíferos de tamaño similar. Las vacas marinas, como los manatíes y los dugongs, viven entre 50 y 60 años, y un dugong llegó a los 76. Las vacas marinas ganan longevidad al combinar vida acuática con un metabolismo bajo.

Sin alas ni aletas hemos alargado nuestras vidas, pero no es nada comparado con algunos de los seres vivos de la Tierra, que viven milenios como si fueran sólo décadas.

Longevidad seriada

Los corales y las anémonas marinas conocidas como briozoarios son los animales más viejos. En teoría, viven eternamente; en realidad, el medio ambiente cambiará siempre para limitar sus vidas eternas. Incluso así, pueden existir durante miles de años. El secreto de su inmortalidad está en la habilidad de hacer brotar seres individuales llamados pólipos. Éstos crean estructuras ramificadas que parecen ramas de árboles. Si estos conglomerados de seres pueden considerarse como un solo individuo carece de importancia, puesto que son tan individuales como los árboles a los que se asemejan.

Algunos árboles viven durante períodos de tiempo similares. Las coníferas de Norteamérica viven más de 5.500 años. Las secoyas también viven durante milenios,

Los leones reservan sus energías para el ataque final a sus presas. En este punto, el cuerpo se somete a un estrés extremo. Este hecho, al acumularse, puede acelerar el proceso de envejecimiento.

y algunas más de 6.000 años. El premio se lo lleva un árbol en el parque estatal de Praire Creek Redwoods, en California, que se cree que ha vivido 12.000 años. Actualmente mide 72,5 metros de altura, con un diámetro de 6 metros. Era un plantón cuando las Islas Británicas aún estaban cubiertas por el hielo durante la última era glacial.

Aunque la última era glacial actuó como una especie de *bulldozer* en las Islas Británicas, rasgando la tierra y arrancando toda vida vegetal, hay árboles viejos que sobreviven. El más antiguo es el tejo de Fortingall, creciendo decrépitamente viejo cerca de Aberfeldy, en Tayside, Escocia. Empezó a crecer hacia la luz hace 4.200 años.

El secreto de la longevidad de los árboles y de los animales coloniales reside en el hecho de que evolucionan a medida que van creciendo. Los árboles lo hacen a partir de puntos de división celular conocidos como meristemas; un roble grande puede tener hasta 100.000 de estos puntos de crecimiento y cada meristema puede mostrar mutaciones que lo hacen genéticamente distinto de sus iguales. Un árbol consiste en numerosas ramas, cada una ligeramente distinta de las otras. Como evoluciona a medida que va creciendo, un árbol compite contra miles de generaciones de insectos depredadores que intentan avanzar evolutivamente más rápido.

Las plantas tienen otro método para sobreponerse al paso del tiempo. Pueden producir cápsulas temporales, las semillas. Aunque las del sauce viven sólo unos días antes de germinar, otras, como las del *lotus* oriental o del altramuz alpino pueden aislarse durante milenios, sobreviviendo en un estado viable durante 3.000 años o más.

Suspensión temporal del hombre

El método nuestro para eliminar períodos de tiempo activo no debería sorprendernos, pero no deja por eso de ser misterioso. En nuestro pasado, como cazadores-recolectores, los depredadores nocturnos patrullaban la noche, haciendo que ésta fuera demasiado peligrosa para mantenerse activos. Como otros animales diurnos, nos mantuvimos alejados del peligro sincronizando nuestro ciclo de sueño con la noche y, excepto los aficionados a clubes nocturnos y a fiestas, hemos mantenido las mismas pautas de conducta.

Dormir nos ayuda a sobrevivir también de otro modo; al reducir los ritmos cardíacos y de respiración permitimos al cuerpo que conserve energía. Los depredadores son los maestros del descanso, estando en activo sólo cuando necesitan cazar y yaciendo para digerir el alimento. Los leones y los gatos domésticos duermen 16 horas diarias, por lo que un gato que viva 16 años, habrá estado sólo 4 años despierto.

Los koalas son incluso más perezosos, durmiendo cerca de 18 horas diarias. Sobreviven de una dieta poco nutritiva de hojas de eucalipto y, al dormir con regularidad, conservan la energía. De todos los mamíferos, la zarigüeya ostenta el récord, durmiendo hasta 20 horas diarias.

Debido a que los animales de menor tamaño tienen metabolismos más veloces que los animales mayores, obtienen más beneficios al descansar. De este modo, los animales más grandes pasan poco tiempo descansando; un reparador sueño nocturno le lleva sólo cuatro horas a un elefante y una jirafa necesita tan sólo dos horas.

Los delfines tienen una forma peculiar de sueño: evitan hundirse en el agua manteniéndose lo bastante alerta como para volver periódicamente a la superficie, por lo que cada hemisferio del cerebro duerme en un turno distinto. Otros mamíferos marinos, incluyendo focas y ballenas, utilizan también este método.

Como muchos animales, los humanos nos entregamos a dos tipos de sueño: sueño reposado, con poca actividad cerebral, y sueño activo, con rápidos movimientos oculares y actividad cerebral alta. Estos últimos períodos se dan mientras soñamos.

El hecho de soñar siempre se ha vinculado con lo sobrenatural. Éste es el momento en el que la mente parece estar libre y en el que nuestros antepasados creían que podíamos contactar con los muertos o entrar en otros estados de existencia. Aquí aparece algo primario con respecto a los sueños que la ciencia moderna sólo puede confirmar; se origina en las partes evolutivas más antiguas de nuestro cerebro, conocidas como cerebro reptiliano porque proviene de los mamíferos prehistóricos. Actualmente parece ser fundamental para casi todos los animales superiores.

Un gato alterna períodos de 30 minutos de sueño ligero con otros de 6 o 7 minutos de sueño profundo en el que mueve sus orejas, patas y cola, y a menudo maúlla. También muestra veloces movimientos oculares que implican el sueño; los pájaros y los ratones son los sujetos favoritos de sus sueños. De un modo similar, sus presas pueden tener pesadillas de ser cazadas por un gato. Las zarigüeyas dormidas a menudo sugieren que tienen este tipo de sueños.

Debido a que la necesidad de dormir es tan primaria, ha de tener un importante significado para todas las formas de vida. Parece proporcionar enormes beneficios; niños y bebés pasan más tiempo soñando que los adultos, e incluso los nonatos muestran una actividad cerebral parecida al patrón de los sueños, hecho que implica que el sueño estimula el cerebro durante su desarrollo más temprano. Cada noche, éste parece tener el papel de catalogar las nuevas experiencias ganadas por el día. Este inventario nocturno probablemente continúa en los adultos y les ayuda a utilizar la memoria para almacenar los hechos importantes de la jornada.

Algunas personas creen que el sueño prepara al animal para las actividades que tendrá a lo largo de su vida. Sin ningún riesgo o fracaso, un gato puede correr mentalmente enfrentándose a un rival o seguir los movimientos de la caza de un ratón. Del mismo modo, los animales de presa pueden planear sus fugas sin ningún riesgo.

Los leones duermen 16 horas al día. Probablemente, sueñan que dan caza a una cebra.

El letargo

Cualquiera que sean sus beneficios, soñar utiliza constructivamente muchas de las horas que los animales pasan durmiendo. Algunos se aíslan del mundo que los rodea durante largos períodos de tiempo.

Los colibríes tienen el metabolismo más veloz de todos los vertebrados. A pesar de que cuando están posados, su ritmo cardíaco equivale al de cualquier ave pequeña (de 700 a 850 pulsaciones por minuto), cuando alza el vuelo éste aumenta hasta alcanzar las 1.200 pulsaciones por minuto. Utilizan más combustible con relación a su peso que un avión de combate. Si nosotros usáramos un nivel tan alto de energía, nuestra temperatura alcanzaría 400°C, y deberíamos consumir cuarenta y cinco

Si viviéramos al ritmo de los colibríes, cada día tendríamos que consumir 45 bolsas de un kilo de azúcar para continuar activos.

paquetes de un kilogramo de azúcar al día. Pero los colibríes pueden vivir 12 o 15 años, mucho más que otros pájaros de un tamaño equivalente ¿Cómo lo logran?

Los colibríes hacen descender su temperatura corporal de los 38–42°C, cuando están activos, hasta 13°C, y simultáneamente reducen su metabolismo de modo drástico. En este letargo, con sus plumas abiertas y su pico apuntando hacia el cielo, su pulso desciende a las 50 pulsaciones por minuto. Aunque su nivel metabólico es equivalente al nuestro cuando vemos la televisión, están muertos para el mundo. Usan el letargo para conservar energía y sobrevivir en períodos de escasez de alimentos. Los murciélagos comparten esta habilidad de hacer disminuir las demandas de su cuerpo de energía, haciendo descender la temperatura de su cuerpo si la comida escasea.

El letargo suele utilizarse como para escapar del frío, pero el lagarto volador de Australia lo usa para evitar el calor. En la estación seca, cuando la comida escasea y la temperatura aumenta, reduce su metabolismo hasta un 70% y la temperatura de su cuerpo en 5°C, conservando la energía en el árido clima. A menudo permanece en el mismo estado durante tres meses, moviéndose despacio para estar a la sombra y aventurándose a los bosques para alimentarse de termitas. A pesar de su tamaño, puede generar explosiones breves de energía que le permiten escapar de sus depredadores.

La hivernación

Similar al letargo es el sueño invernal de muchos animales. El invierno es la época menos productiva del año, la comida es escasa y el clima inclemente. Muchos animales, como los osos pardos y los polares, duermen durante el invierno en un cubil que los protege de la dureza del exterior. De este modo, los osos negros americanos duermen durante los siete meses del invierno canadiense. Pero éste no es un sueño ordinario: los latidos del corazón se vuelven menos frecuentes, su respiración se convierte en poco más que un suspiro y pueden estar hasta un mes sin girarse o cambiar su posición. Sin embargo, su temperatura corporal se mantiene sólo un poco por debajo de la normal, y, si son molestados, se despiertan al momento. Los mapaches y los tejones también muestran este tipo de sueño invernal.

El lirón es un verdadero hibernador, capaz de bajar la temperatura de su cuerpo a la del medio ambiente, cosa que hace durante el invierno, para evitarse las condiciones desfavorables de esos meses.

Pero otros animales permiten que la temperatura de sus cuerpos descienda hasta casi la del ambiente que los rodea. Éstos son los verdaderos hibernantes.

Sólo los mamíferos de pequeño tamaño realmente hibernan, pero animales tan diversos como las marmotas, los koalas, hámsters, erizos y murciélagos usan esta técnica. Las ardillas árticas terrestres que viven en Alaska pueden hibernar durante nueve meses seguidos, al igual que hacen la marmota siberiana y la norteamericana. Aunque su temperatura desciende, el animal continúa llevando el control, estableciendo su termostato interno al mínimo necesario para mantener la vida. Para los algunos animales esto puede significar hacer bajar su temperatura corporal hasta los 2°C.

Un famoso dormilón, el lirón, ha revelado hace poco algunas sorpresas en la técnica de hibernación. Al contrario de lo que se creía, en lugar de pasar el invierno en el hueco de un árbol, simplemente excava un agujero en la capa de hojas muertas del suelo del bosque. Exponerse a los elementos los mantiene a una temperatura inferior y evita que se despierten antes de tiempo. Incluso así, deben moverse una vez por semana para controlar los procesos metabólicos que producen desgaste de energía.

Sólo se sabe de un ave que hiberne: una especie de chotacabras, que vive en las montañas del desierto de Colorado y pasa el invierno en una oquedad en la roca.

Aquí su corazón y su respiración bajan su ritmo y su temperatura corporal llega a pasar de 41°C a 6°C. En este estado de animación suspendida, cinco meses de crudo invierno, en los que los insectos son difíciles de encontrar, pasan en un instante.

Estos animales alcanzan el deseo humano de ir hacia el futuro colocándose en un estado de animación suspendida. Otros han descubierto técnicas a más largo plazo.

Criogenia

Congelar cuerpos vivos tiene algunos problemas. A medida que la temperatura se acerca al punto de congelación, las moléculas de agua en el cuerpo se unen para formar afilados cristales de hielo. A medida que la estructura de hielo aumenta, rompe las membranas celulares, convirtiéndolas en pequeños fragmentos.

Los animales que viven en temperaturas bajas utilizan el equivalente biológico de los anticongelantes para hacer descender el punto de congelación. Los peces árticos tienen una proteína de azúcar en su sangre que permite que ésta siga circulando mientras el agua del entorno se congela. Pero algunos animales llevan sus cuerpos hasta temperaturas aun inferiores. Estos son los maestros en criogenia.

La tortuga pintada de Norteamérica es la tortuga que vive a mayor latitud. Los adultos hibernan en el lecho de los lagos, bajo el hielo, donde se vuelven totalmente inmóviles. Dejan de respirar oxígeno y su corazón desciende hasta un ritmo de una pulsación cada diez minutos. Además son inmunes a venenos como el cianuro. Los adultos evitan congelarse y sus descendientes, que nacen en aguas poco profundas en otoño, también soportan este destino gélido. En lugar de emerger para enfrentarse a una tierra helada, las crías pasan el invierno bajo tierra. Gradualmente, el hielo penetra en ellas. El hielo se forma primero en la sangre, luego rodea los órganos internos, hasta que cerca de la mitad del cuerpo de la pequeña tortuga se ha congelado.

El secreto de la supervivencia de la tortuga yace en la concentración elevada de glucosa, glicerol y taurina en su sangre. Estos productos químicos también se utilizan como combustibles para mantener el cuerpo sin necesidad de oxígeno. Cuando llega la primavera, las crías salen a la superficie, sus corazones vuelven a latir con normalidad y empiezan a respirar otra vez.

Las ranas arborícolas, las ranas verdes de los árboles y las primaverales de Norteamérica utilizan una técnica similar para sobrevivir a la congelación. Pasan el invierno en la tierra, cubiertos de una ligera capa de hojas que les ofrece una protección mínima contra la dureza del invierno, que llega a temperaturas de -8°C. Su sangre contiene moléculas protéicas que facilitan la formación del hielo. Debido a que hay millones de estos puntos de formación de hielo, ningún cristal crece lo suficiente como para causarles daño alguno. Mientras se forman, absorben el agua de los tejidos. Para compensar esta pérdida de agua, el hígado de las ranas se convierte en una fábrica de azúcar, transformando la glucosa que circula por la sangre. Este sirope penetra en los tejidos, evitando que los órganos vitales se congelen. Debido a esta técnica, el cuerpo de la tortuga puede estar congelado en un 65% y es capaz de sobrevivir. En este estado, tanto su respiración como su ritmo cardíaco cesan completamente. Cuando llega el momento, se descongela de dentro hacia fuera, permitiendo que el corazón bombee sangre antes de que se haya descongelado todo el cuerpo.

En los yermos árticos de Rusia, la salamandra de Siberia utiliza un método similar, permitiéndole entrar en un estado de animación suspendida mientras la temperatura de alrededor baja hasta los -56°C, quedando rodeada completamente de hielo.

Microbios de hielo

Ocasionalmente, en esta área de tundra, aparecen reliquias congeladas de eras anteriores. Aunque están en su mayor parte intactas, estos mamuts nunca podrían ser revividos, pero puede contener vida en su interior.

Tanto las bacterias como otros microorganismos encontrados en el interior de los mamuts pueden ser revividos miles de años después de que fueran enterrados. Sin embargo, esta animación suspendida es relativamente corta en comparación con los microbios que se han extraído de fragmentos de hielo. En los años ochenta, en Siberia, a diez metros de profundidad bajo la zona de nieves perpetuas, se extrajeron bacterias que han permanecido a -10°C durante tres millones de años. En cuanto volvieron a una temperatura más cálida, empezaron a dividirse sin importar los miles de años que habían pasado en letargo. Estos microbios reviven al derretirse los glaciares.

La película *Jurassic Park* se basa en la premisa de que los mosquitos atrapados en ámbar poseían ADN de los dinosaurios en su interior y, gracias a este residuo genético, estos animales podían volver a vivir. La viabilidad práctica de un proyecto así ha generado un escepticismo científico considerable, pero recientemente un científico californiano ha logrado algo igual de admirable: ha logrado hacer revivir organismos vivos atrapados en ámbar durante 30 millones de años. Estas criaturas prehistóricas representan formas de vida extinguidas. Se encontraron como esporas en letargo atrapadas en partículas de tierra. La más intrigante era una variedad de bacteria *staphilococus* diferente de la bacteria actual por la naturaleza de los ácidos encontrados en las paredes celulares. Estos «micro-dinosaurios» son los mayores viajeros temporales.

Del mismo modo en que los animales viven en distintos mundos dependiendo de las necesidades de su existencia, también responden de distintos modos a las fuerzas que impregnan la Tierra. Aunque desconocemos la mayoría de estos ocultos y misteriosos poderes, sabemos que afectan profundamente la vida que nos rodea, y su influencia se extiende a nuestras propias vidas. Estas fuerzas son el tema principal del último capítulo de este libro.

Una mosca preservada en ámbar, savia fosilizada de árbol. Los científicos han revivido organismos atrapados en el ámbar durante 30 millones de años.

6

ENCUENTROS CERCANOS

En pleno corazón del desierto peruano, hay enormes dibujos muy antiguos grabados sobre la arena. Conocidos como Líneas de Nasca cubren un área de 500 km^2 y están consideradas como uno de los más grandes misterios del mundo. Lo que los hace tan terriblemente enigmáticos es el hecho de que sólo pueden ser apreciados desde el aire.

Fueron realizados hace unos 1.650 años, mucho antes de que se inventara ningún método para poder observarlos. Según la opinión de muchos, ésta es la evidencia de que los Nasca recibieron la visita de extraterrestres; otros creen que su cultura era tan tecnológicamente avanzada que fueron capaces de construir globos aerostáticos para observar sus trabajos desde el aire. La explicación más verosimil resulta más profunda: se refiere a la relación sobrenatural que en otros tiempos subyugó a toda la humanidad con el mundo natural.

Muchas de las figuras son de animales: monos, colibríes, insectos, peces e incluso flores. Todas ellas muestran cuán importante era el mundo natural para el pueblo Nasca. En aquel tiempo. el destino y el porvenir de los hombres estaba directamente unido a la naturaleza: si no llovía y las cosechas se secaban o si la caza era infructífera, la gente moría de hambre. Cada tribu tenía su propio emisario humano para contactar con las fuerzas que controlan el mundo natural. Estos intermediarios espirituales eran conocidos como chamanes. Para lograr esos contactos y conseguir que su mente viajara, los chamanes usaban drogas o el ritmo monótono e implacable de los tambores que alteraban su percepción de la realidad. En estas experiencias extrasensoriales, los chamanes eran capaces de observar el mundo flotando en una posición elevada, como en un punto panorámico. Estos viajes no son aceptados por la ciencia moderna, pero en aquel entonces era un modo vital de conseguir información sobre el mundo. En el tiempo en que se realizaron las Líneas de Nasca, la sociedad estaba en crisis y el rol del chamán tenía una importancia crucial: el clima era cada vez más seco y el chamán necesitaba invocar los poderes naturales para que trajeran lluvia a aquella tierra sedienta.

Los chamanes forman parte de todas las sociedades que dependen directamente del mundo natural para su supervivencia, desde los inuit en el Ártico hasta los yanomami del Amazonas o los bosquimanos de Sudáfrica. Los orígenes del chamanismo se adentran en la prehistoria. Los primeros chamanes fueron los autores de las pinturas que representaban animales, como las encontradas en Lascaux (Francia); a través de esas pinturas intentaban establecer un poder sobre los animales que solían cazar. En el Kalahari, en África, los bosquimanos realizaron pinturas parecidas, una práctica que perduró hasta principios del siglo XX. Algunas de las pinturas muestran seres que son mitad hombre y mitad animal, pues los chamanes en estado de trance cruzaban en ocasiones la última frontera entre la realidad y el mundo natural y creían convertirse en animales. Incluso hoy día los bosquimanos creen que los chamanes más poderosos pueden convertirse en leones y adquirir sus cualidades.

Para estos pueblos, el chamanismo es un modo de comprender el mundo natural. No se sienten superiores a la naturaleza, sino que se reconocen como parte de ella. A través de esos trances, intentan establecer una conexión más firme con ella. Adquirir

el poder de un animal es el acto último de un ritual chamánico.

En Europa, las creencias de los pueblos antiguos fueron preservadas y continuadas por las brujas: creían que sus pociones alucinógenas les conferían la habilidad de modificar sus cuerpos y convertirse en cuervos y otras criaturas. Durante algún tiempo, sus poderes fueron muy respetados y su conocimiento de las hierbas las convirtió en los médicos de aquel entonces. Pero pronto se convirtieron en un rival de la religión cristiana y fueron perseguidas, teniendo que pasar a practicar sus rituales en secreto.

La verdad es que la gente que tiene ciertos poderes sobre el mundo natural siempre ha tenido un papel importante en la sociedad; algunos de ellos parecían ejercer una particular influencia sobre los animales. Entre esos especialistas estaban los que susurraban a los caballos.

Susurrar a los caballos

En tiempos pasados, cuando un caballo no podía ser domado, se llamaba al hombre que susurraba a los caballos para que ejerciera sus poderes. Eran hombres que pertenecían a una élite y que usaban poderes mágicos para amansar a los animales indomables. Entre los utensilios mágicos del susurrador de caballos había los huesos de sapo impregnados con aceites aromáticos; pero, aparte de eso, toda la ceremonia parecía depender de una sencilla voz susurrante.

En otros tiempos, el hombre que susurraba a los caballos era uno de los especialistas más requeridos en las comunidades granjeras tanto de Europa como de Estados Unidos, pero debido a una posible conexión con la brujería, estos personajes fueron tratados con recelo y sospecha. Hoy en día quedan aún practicantes de este arte, los cuales nos han dado una nueva percepción acerca de los poderes antiguos y de cómo funcionan. El susurrador de caballos conoce el secreto lenguaje de estos animales.

Los caballos se comunican básicamente a través del lenguaje del cuerpo. Imitando la postura y movimientos de un caballo dominante, el susurrador empieza a controlarlo. Esto es posible porque el caballo pertenece a una sociedad muy estructurada. Cuando se desplazan, el macho dominante se coloca en cabeza y los otros se colocan tras él por orden de rango. Este orden se mantiene estricto y los que se salen de la formación son castigados de forma inmediata, siendo expulsados de la manada.

Al igual que no se presta atención a un niño travieso para afearle su conducta, esta expulsión de la manada es una forma de disciplina. Pero un animal desterrado es vulnerable: sin la protección de la manada, su soledad puede ser fatal. El caballo infractor se deja vencer por el nerviosismo y trata de unirse de nuevo a la manada. Primero, el semental muestra su indignación mirando y avanzando amenazadoramente, pero una vez ha decidido que el castigo ha terminado, se da la vuelta y, por medio de sutiles cambios de postura, muestra al caballo rechazado que puede volver a unirse al grupo.

El susurrador de caballos imita estos movimientos e interpreta los del caballo. Tal como hace el semental, el susurrador es un experto en el arte del rechazo, apartándose y dando la espalda al animal, obligándole a acercarse cuando su reacción natural sería la de huir. Trata con el caballo con su propio lenguaje y la comunicación fluye rápida y diáfana. Al fin, el caballo busca la proximidad humana por él mismo y aprende rápidamente su posición entre la gente, como si estuviera en su manada.

Incluso entre la gente que pasa toda su vida con caballos, muy pocos llegan a «hablar» este lenguaje secreto. En el mundo moderno nos hemos separado física y espiritualmente de la naturaleza; la comunicación consciente con el mundo natural es algo muy raro hoy día. Sin embargo, continuamos enviando señales a otros organismos; lo único que ocurre es que no nos damos cuenta de ello. Entre esos mensajes que emitimos inconscientemente están aquellos que proporciona el olor.

Opuesta Pintura bosquimana sobre roca, de un elefante. Algunas son figuras mitad hombre y mitad animal, lo que sugiere que los bosquimanos creían poder penetrar en el mundo animal mientras estaban en estado de trance.

Sobre el olor

Para los humanos, la idea de que el olor corporal resulte desagradable es relativamente nuevo. Aunque la mayor parte de nuestro cuerpo carece de pelo, el vello de las axilas o de la región púbica son trampas olfativas que actúan como reservas biológicas para las bacterias procedentes de las secreciones de la piel y crean nuestro olor natural. Por mucho que nos lavemos, nuestros animales de compañía siempre reconocerán nuestro olor. Un perro identifica a un individuo sólo por el olor y los perros rastreadores distinguen incluso el de dos gemelos idénticos. Algunos de nuestros olores emiten señales involuntarias. Los pliegues y arrugas de la piel entre los dedos de los pies albergan ácido paraminobezoico, una feromona muy parecida al olor vaginal de una perra en celo. No es extraño, entonces, que los perros muestren tanto entusiasmo por estas zonas.

Los gatos, en cambio, intentan disfrazar nuestro olor. Si un gato se frota contra nuestra pierna, está transfiriendo olor de las glándulas de sus mejillas a nosotros, mezclando su olor con el nuestro y haciendo que parezcamos parte de su familia.

Las sustancias químicas que condicionan el comportamiento de los animales se llaman feromonas y a menudo ocasionan una respuesta sexual. Estas señales secretas son tan fundamentales en las vidas de los otros mamíferos que sería extraño que los humanos fueran una excepción. Varios estudios han demostrado que las feromonas tienen una considerable influencia sobre nosotros. En un experimento se rociaron diversas fotos de mujeres con androsterona y los hombres valoraron como más atractivas las mujeres cuyas fotos fueron rociadas que las que no lo habían sido. Incluso la silla de la sala de espera de un dentista, con encajes rociados de androsterona, atrajo a sentarse en ella a más mujeres que a hombres.

Compartimos estas señales químicas con los cerdos. Los veterinarios usan un equivalente comercial de la androsterona para que una cerda sienta deseos de aparearse. En la naturaleza, ella respondería a la androsterona de la saliva del macho. Las valiosas

y apreciadas trufas emiten una sustancia química que la imita; así, los granjeros franceses usan a las hembras de los cerdos para descubrir estos hongos enterrados. Debido a ese aroma sexual que desprenden las trufas los *gourmets* les atribuyan propiedades afrodisíacas.

Todos estos ejemplos apuntan al hecho de que las feromonas tienen las mismas influencias inconscientes sobre nosotros que sobre los animales. Pero, a pesar de que estas señales secretas potencian y realzan nuestro atractivo, por algún extraño motivo hacemos todo lo que podemos por ocultarlas. Irónicamente, las destruimos a base de secreciones aromáticas sexuales de otros anima-

Opuesta Un cuerpo totalmente cubierto de abejas. Esta práctica es posible imitando la feromona de la abeja reina. El tubo ayuda al hombre a respirar a través de la multitud de abejas.

Abajo Cuando clava el aguijón, la abeja asesina bombea una feromona que incita a las otras abejas a continuar su ataque.

les. Los perfumes más caros y sofisticados contienen almizcle de los sacos ventrales de venados o provienen de las glándulas anales de los castores e incluso de los gatos. Los perfumes más baratos hacen lo mismo con versiones sintéticas de dichos olores.

Y si no utilizamos las señales secretas de los animales, usamos mensajes químicos inherentes a las plantas. Una fragancia química como el metilo de jazmín es habitual en muchas colonias. Mientras nosotros lo usamos para realzar nuestro atractivo, las plantas lo usan para transmitir un mensaje muy diferente. Cuando los insectos atacan, las hojas en peligro liberan metilo de jazmín como señal de alarma para que la planta aumente su producción de sustancias tóxicas. El veneno escogido por la planta del tabaco, por ejemplo, es la nicotina que encontramos en los cigarrillos; un día después del ataque, ésta puede alcanzar niveles letales 600 veces más altos de lo normal. Todo este armamento químico se dispara a causa del metilo de jazmín.

Cada vez que nos acercamos a una planta, nuestros perfumes envían mensajes ocultos que advierten a la planta de un ataque inminente. Ésta empieza a incrementar sus niveles de protección química y, a pesar de que esto pueda parecer bueno para ella, la tensión que comporta producir el veneno la debilita. Así, con nuestro olor, estamos matando poco a poco a la planta. Debido a ello, en algunos laboratorios dedicados al estudio del crecimiento de las plantas, mujeres y hombres tienen prohibido llevar perfumes o colonias para evitar la emisión de esos falsos mensajes.

Abejas asesinas

Nuestra apreciación del olor de las flores es una consecuencia de las señales químicas que la planta emite para atraer a los insectos de cara a la polinización. Entre los agentes polinizadores están las abejas, criaturas cuyo mundo está gobernado por los olores. La ignorancia de su complejo mundo aromático ha acarreado consecuencias desastrosas.

En el año 1957, en Sao Paulo (Brasil), un experimento de reproducción resultó terriblemente fallido; intentando crear la abeja perfecta, la dócil abeja europea fue cruzada con la agresiva, pero altamente productiva, abeja africana. En vez de crear una criatura dócil y productiva, el híbrido resultante heredó la mortal ferocidad de la africana. Como en una clásica película de terror, escapó del centro de investigación y, al poseer los hábitos migratorios propios de las abejas africanas, se dirigió hacia Norteamérica.

Las abejas defienden su colmena hasta la muerte. Las abejas guardianas, a la entrada de la colmena, actúan como agentes de seguridad frente a los forasteros. Ante quienes pretenden irrumpir en la colmena reaccionan extendiendo sus aguijones y emitiendo un aroma afrutado. Este olor sume a la colmena en un frenesí y entran en un estado de furia asesina. Las abejas asesinas se diferencias de las obreras sólo porque su paciencia es menor; basta la vibración de un tractor o una segadora para incentivar su instinto y hacer que salgan de la colmena en busca de pelea.

Fieles a su naturaleza olfativa, buscan sus objetivos a través del olor. El dióxido de carbono les resulta irritante y, por desgracia para nosotros, las lacas y perfumes suponen para ellas una señal de agresividad. La primera abeja que clava su aguijón lo hace en una misión suicida que resulta de gran utilidad para la colmena. Al desgajarse el aguijón del cuerpo de la abeja, continúa bombeando veneno y emitiendo, a la vez, una feromona de alarma. Cuando el enjambre recibe la señal, llegan volando para atacar.

Si te atacaran abejas asesinas, intentar escapar lanzándote a un estanque o un río no sirve de nada. Pueden esperar dos horas a que vuelvas a aparecer. La única defensa válida es correr. Pero a pesar de que un corredor rápido puede escapar de ellas, la variedad asesina puede perseguirte durante más de 1,5 km. Hay pocas alternativas; las abejas asesinas pueden permanecer en estado de excitación una semana. Actualmente son aún un problema en algunos estados del sur de Estados Unidos, aunque el cruce con otras razas menos virulentas les ha restado cierta peligrosidad.

El hecho de ignorar el secreto lenguaje olfativo de las abejas puede acarrear problemas a los humanos. Aun así, algunos apicultores conectan de tal forma con ellas que son capaces de atraerlas y dejar que cubran sus rostros para crear «barbas de abejas» o, en algunos casos extremos, cubrirse el cuerpo entero con ellas. Estas personas suelen salir de la experiencia con apenas algún picotazo. ¿Su secreto? Una fórmula aromática basada en la feromona que la abeja reina usa para dominar a la colmena.

Trampas mortales

Si entendemos el lenguaje secreto de los insectos, podemos usarlo en nuestro provecho. Por ejemplo, los anuncios fluorescentes que emiten su zumbido colgados en muchas tiendas enlazan directamente con las ocultas señales ultravioletas que usan los insectos. Emiten un destello de luz ultravioleta, invisible para el ojo humano, que atrae a los insectos hacia una muerte por electrocución; ese brillo simula los pequeños espacios de cielo visible que en la naturaleza ayudan a los insectos a salir de una densa vegetación. La naturaleza, obviamente, tuvo la idea primero.

Las arañas de las especies americanas *hexurella* e *hypochilus* incorporan a sus telarañas una sedosa capa ultravioleta, la cual, para las moscas y otros insectos, parece una brillante ruta de huida. Algunas arañas han perfeccionado este diseño, construyendo otra telaraña apenas visible tras el cebo ultravioleta para atrapar aquellos insectos que no cayeron en la primera trampa. Existen incluso arañas que atraen a los insectos directamente con su abdomen, el cual refleja esa luz.

Algunas arañas tienen otros métodos de captura: tejen en sus telas diseños ultravioletas que imitan los patrones de atracción de las flores. Este subterfugio mortal tiene variaciones. Algunas plantas insectívoras han descubierto este truco e incorporan señales ultravioletas en sus diseños para asegurarse un flujo ininterrumpido de presas.

Ilusiones luminosas

A pesar de que manipulamos de manera consciente la luz invisible ultravioleta para confundir a los insectos, la luz emitida en longitudes de onda que podemos apreciar crean una confusión todavía mayor en el mundo natural.

Cuando las tortugas recién nacidas se dirigen al mar al anochecer, se guían por la moribunda luz del Sol en el horizonte para llegar al agua. En algunas playas llenas de tortugas, el resplandor que emiten los hoteles pueden hacer que se desorienten y acaben paseando entre los comensales en vez de adentrarse en el mar. Volando alrededor de las luces encontramos multitud de insectos en el mismo estado de confusión.

Las mariposas nocturnas tienen un sistema de navegación que les ha sido muy útil durante millones de años. Mientras vuelan mantienen la misma posición de sus cuerpos respecto a la Luna. De ese modo logran mantener un vuelo en línea recta, o al menos lo hacían hasta que creamos lunas artificiales bajo la forma de luces eléctricas.

Los pájaros se enfrentan a los mismos problemas. Ellos también usan la Luna como orientación, así que, cuando vuelan sobre el mar por la noche, en ocasiones confunden la luz de los faros con la de nuestro satélite. Durante las tormentas, cuando las nubes oscurecen el cielo, cientos de pájaros se estrellan contra los faros.

Las luces artificiales pueden causar otros problemas. En noches claras, los pájaros vuelan guiados por las estrellas, pero las aves migratorias que atraviesan Norteamérica se encuentran con un extraño fenómeno. En algunos lugares, las estrellas aparecen invertidas, diseminadas sobre la tierra en vez de sobre el cielo. Estos paisajes urbanos son una señal confusa y mortal para las aves migratorias. Al tratar de interpretar esas extrañas luces guía, se acercan cada vez más. En un año, 100 millones de pájaros colisionan con los rascacielos. La Torre Sears en Chicago —el rascacielos más alto de Estados Unidos— mata a 1.500 pájaros ella sola. En algunos lugares, las luces de los edificios se apagan en el período de migración para evitar tantas muertes de pájaros.

En Toronto, las aves migratorias se enfrentan a un nuevo peligro. Igual que los piratas de antaño atraían barcos hacia peligrosos arrecifes para que embarrancaran, las gaviotas de ciudad acosan a estas aves dirigiéndolas hacia los edificios. Estos nuevos piratas urbanos han llegado a conocer el camino a través del laberinto de luces y cristal, volando con desenvoltura entre los rascacielos.

Trampas de fuego

La luz, más intensa que cualquier rojo que podamos ver, crea confusión en muchos insectos. Como vimos en el capítulo 4, el escarabajo del fuego *malanophila* es atraído por la banda de radiación infrarroja del fuego y usa esta señal para encontrar madera carbonizada en la que depositar sus huevos. El mensaje que emite un incendio forestal es captado por escarabajos que se encuentren a 50 km de distancia.

Los escarabajos desarrollaron esta habilidad antes de que los humanos dominaran el fuego. Hoy día este sistema provoca una gran confusión. En su particular búsqueda del fuego, a veces encuentran su final en barbacoas, refinerías y hornos de fundición.

Mensajes eléctricos

El fuego fue uno de los primeros descubrimientos de la humanidad, pero los mensajes secretos más confusos son aquellos emitidos por los inventos más recientes.

Hoy día la electricidad inunda nuestros hogares y llega a todos los rincones del país a través de enormes torres. Alrededor de cada cable eléctrico hay un campo electromagnético que irradia al medio ambiente. Recientemente, estos campos de fuerza han sido sospechosos de causar leucemia a la gente que vive cerca de líneas de alto voltaje; en América, debido a sus peligros potenciales, no se construyen casas bajo esas líneas. Como vimos en el capítulo 3, las abejas parecen ser conscientes de este peligro y huyen de colmenas situadas bajo líneas eléctricas. Los pájaros también evitan volar cerca de los cables y posarse sobre ellos, y los pequeños mamíferos nunca escogen un lugar cercano a una fuente de alto voltaje para establecer su madriguera.

Pero los campos eléctricos también tienen efectos positivos. Aunque parezca sorprendente, a las plantas parece gustarles la electricidad y varios estudios demuestran que crecen en mejores condiciones bajo las torres eléctricas. En diversos experimentos se ha demostrado que las plantas sometidas a campos electromagnéticos de alta intensidad crecen dos veces más rápido de lo normal. Se cree que la electricidad ayuda a que los iones de calcio fluyan entre las células. El calcio estimula las enzimas que causan el crecimiento; el resultado es un follaje más exuberante.

Este aumento en el crecimiento de las plantas también se ha observado cerca de las antenas del US Navy's Project Seafarer en Wisconsin y en Michigan. Estos transmisores utilizan ondas electromagnéticas de baja frecuencia para emitir mensajes a los submarinos por todo el mundo. Cada una de esas instalaciones consiste en un transmisor conectado a largos cables elevados que se extienden a lo largo de 100 km.

Desde que se inventaron las antenas en 1986, los troncos de álamos y arces situados bajo ellas son más gruesos y los pinos más altos que árboles de su misma especie alejados de los transmisores. Influenciado por el campo electromagnético, el musgo también crece de forma más exuberante. De nuevo parece que los iones de calcio, ayudados por la electricidad, son los responsables de este crecimiento inusual.

Otros efectos extraños derivados de estos campos electromagnéticos son los observados en los ratones. Parecen crecer más deprisa, abriendo sus ojos antes que los otros ratones. De algún modo, el campo electromagnético incrementa su ritmo metabólico. Algunas abejas acusan efectos menos positivos: sobreviven al invierno con más dificultades que aquellas que viven alejadas de las antenas.

Campos de estrellas
artificiales creados
por las luces de las
ciudades. Las aves
migratorias (opuesta)
pueden desorientarse
por el efecto inverti-
do de las luces urba-
nas y se estrellan
contra los rasca-
cielos.

También se ha observado un efecto sorprendente sobre aves migratorias; al funcionar las antenas, los pájaros, observados por radar, parecen desviar su trayectoria habitual. Sin duda, las transmisiones interfieren en el instinto magnético de las aves.

El Project Seafarer se creó para comunicarse con los submarinos. Éstos llevan un largo hidrófono (aparato para escuchar sonidos transmitidos bajo el agua) para oír las comunicaciones de submarinos enemigos. Los elementos electrónicos que forman ese equipo crean sus campos eléctricos, lo que atrae a los peces martillo y a los tiburones que en ocasiones han arrancado el cable, confundiéndolo sin duda con comida.

Confusión eléctrica

Hasta que los humanos entraron en la escena acuática, cualquier objeto eléctrico en el océano era presa potencial para los tiburones. Pero nuestros actuales equipos eléctricos pueden causar gran confusión. Los tiburones atacan los flashes de las cámaras de los submarinistas o cualquier objeto eléctrico como baterías de radio o linternas. Asimismo, se sienten atraídos por objetos metálicos. Cuando animales de las profundidades como el tiburón tigre son capturados y diseccionados, suelen albergar en su interior un gran surtido de basura metálica. A pesar de no ser eléctricos por sí mismos, algunos metales reaccionan en contacto con el agua salada produciendo una corriente eléctrica tan intensa que imita las señales que emite una presa. Los cascos metálicos de las embarcaciones son atacados a veces precisamente por esa razón.

Se han detectado muchos casos en que los tiburones han cortado cables de comunicación, atraídos por la electricidad que circula por ellos. A menudo, la única pista de lo ocurrido son los dientes del tiburón clavados en el cable destrozado. Ya que cada reparación cuesta unos 250.000 dólares, las compañías han rediseñado estos cables, protegiéndolos con una cobertura que evita que la electricidad escape hacia el agua.

Estrépito sónico

Nuestro actual mundo tecnológico crea gran cantidad de sonidos que no podemos oír, los cuales afectan directamente a los animales y a los humanos de modo misterioso. El tráfico genera sonidos de baja frecuencia conocidos como infrasonidos (Capítulo 1). Las tuberías de gas subterráneas, los sistemas de aire acondicionado y los aviones contribuyen asimismo a todo este estruendo sónico. Estos sonidos, inaudibles en ocasiones por el hombre, pueden tener un efecto negativo sobre nuestra salud.

Los infrasonidos producidos por los sistemas de aire acondicionado contribuyen a crear el llamado «síndrome del edificio enfermo». Sus efectos se deben a que algunas frecuencias extremas crean una resonancia en nuestros órganos. Los militares conocen el poder destructivo de los infrasonidos y han diseñado armas sónicas que llegan a matar, provocando que los órganos internos lleguen a niveles de resonancia fatales.

En el mundo animal, los infrasonidos se utilizan como un sistema de comunicación a larga distancia, así que podemos imaginar la confusión que nuestras fuentes artificiales de infrasonidos llegan a crear. En Florida, durante la época de la reproducción, los caimanes macho expresan su dominio en los pantanos emitiendo infrasonidos, tal como vimos en el capítulo 1. En los últimos tiempos han de enfrentarse a unos rivales no deseados: los hidroaviones que se utilizan para cruzar los pantanos, los cuales emiten un aluvión de infrasonidos. Los reptiles toman esto como un desafío directo a su hombría y responden arqueando sus lomos y emitiendo tantos infrasonidos como pueden. Pero esta abrumadora rivalidad empieza de nuevo cada vez que un transbordador espacial aterriza en el Kennedy Space Centre. Entonces, las ondas infrasónicas llegan hasta todos los caimanes macho de Florida, desafiándoles a un duelo sónico. Los caimanes responden, pero es una batalla que jamás podrán ganar.

Los infrasonidos creados por los humanos a veces viajan alrededor del mundo. En 1996, cuando los franceses probaron su arsenal nuclear con una explosión subterránea en Muraroa, en el Pacífico, las ondas infrasónicas de la explosión se irradiaron por el mundo a la velocidad del sonido. Tras once horas y media, todas las palomas de París huyeron. Estos pájaros protestaron mediante una señal de alarma infrasónica.

Sonidos oceánicos

La contaminación acústica inunda los mares y los océanos. Los humanos llenamos las aguas con una terrible cacofonía. Las vibraciones de baja frecuencia emitidas por cargueros y petroleros se adentran en el mar. En los últimos treinta años, los niveles de ruido han aumentado diez veces en las rutas marítimas más concurridas.

¿Cómo afecta esto a la vida oceánica? Las ballenas son los organismos de todo el océano más sensibles a los sonidos. Las emisiones de baja frecuencia de algunas ballenas viajan por la zona más silenciosa del espectro sónico oceánico, por debajo de las interferencias de la mayoría de otros sonidos marinos, pero por encima del rumor infrasónico de los terremotos. Para su desgracia, los actuales sonidos producidos por el hombre son transmitidos a través de las mismas frecuencias que utiliza el secreto canal sónico de las ballenas. Interferimos directamente en sus llamadas, lo cual sin duda dificulta su capacidad para comunicarse a larga distancia.

Las instalaciones de perforación submarina de Newfoundland crean una maraña de ruidos, por lo que los rorcuales deben desviarse para evitarlos; alrededor de estos taladros, las ballenas tienen más posibilidades de enredarse con las redes de pesca.

Los militares contribuyen también a la contaminación acústica. Usan un sistema de sonar de baja frecuencia que crea 235 decibelios de sonido para rastrear la presencia de submarinos. Funciona enviando por el océano impulsos de alta intensidad y sonidos de baja frecuencia y captando los ecos que rebotan en los submarinos.

Un tiburón investiga el fuselaje de un avión hundido. Diversos metales sumergidos en agua salada emiten corrientes eléctricas que atraen a los tiburones.

Opuesta
El misterio de los embarrancamientos de ballenas puede deberse a que su sistema magnético de navegación se ve alterado en aguas poco profundas.

Cuando estos dispositivos sónicos fueron probados con las ballenas grises que emigran de las costas de California, éstas efectuaron enormes cambios de rumbo y desvíos para evitarlos. Las madres con ballenatos reaccionaron del mismo modo que ante los cazadores de ballenas: nadaron cerca de la orilla con sus crías pegadas al costado por el lado opuesto a mar abierto. Teniendo en cuenta estos trastornos más que probados, no es ninguna coincidencia que cuando un barco de la OTAN llevó a cabo tests sónicos de baja frecuencia en el golfo Kyparrisiakos en el Mar Jónico, una docena de ballenas embarrancaran en una playa cercana.

Rescates de ballenas

A través de la historia, la mayoría de embarrancamientos han ocurrido sin que nuestras confusas señales influyeran en los errores de navegación de las ballenas. Pero hoy día la diferencia es el recibimiento que les espera en la playa.

En nuestra siempre cambiante relación con el mundo natural, uno de los cambios más significativos ha sido nuestra actitud respecto a los grandes mamíferos de la tierra. Cazados hasta llegar casi a la extinción, en la actualidad se han convertido en una de las criaturas más estimadas y protegidas del planeta. Cuando el sentido de la navegación de una ballena es alterado y ésta embarranca en una playa (Capítulo 3, página 84), cientos de personas se acercan para intentar salvar al animal. Se lleva a cabo un considerable esfuerzo humano y material para devolver las ballenas al océano.

Este cambio de actitud deriva en parte de los descubrimientos científicos que han revelado lo extraordinario de los poderes de estos animales. Hoy día nos maravillan. La gente no sólo siente la necesidad de rescatarlas, sino que muchos se reúnen y viajan para avistarlas allí donde los cetáceos emigran. La clave de esta fascinación es el hecho de que, a pesar de resultar extrañas, las ballenas, además de inteligentes, parecen tener misteriosos poderes corroborados, en cierto modo, por la ciencia.

Las ballenas tienen el sistema de sonidos más sofisticado del mundo. Sus técnicas están siendo copiadas por los científicos para desarrollar aparatos de investigación submarina capaces de operar en aguas turbias. Recientemente se ha demostrado que las ballenas trabajan en equipo, creando una barrera de burbujas para acorralar a los peces. Parece asimismo que las ballenas asesinas pueden aturdir a los peces golpeando con su enorme cola la superficie del océano.

La lista de poderes de las ballenas parece interminable y, casi cada mes, nuevos descubrimientos sobre ellas salen a la luz. La reconocible melodía de su canto es hoy en día un sonido familiar para mucha gente, aunque se asumió desde hace tiempo que algunos rorcuales, a diferencia de la ballena azul, no se comunican con infra-

sonidos a larga distancia. Pero recientes investigaciones han desmentido esta creencia. Incluso ese canto, el más complejo del mundo animal, revela continuamente nuevas sorpresas. A pesar de que mantienen y repiten los mismos tonos y tipos de canto en cada temporada de reproducción, añaden diferentes variaciones. Como nosotros, ellas también emplean rimas, una técnica que utilizamos para ayudarnos a recordar temas complejos. A pesar de que las ballenas y los humanos divergieron en evolución hace unos sesenta millones de años, nuestros cerebros todavía retienen suficientes similitudes como para compartir las mismas técnicas de canto. Tal vez no debería sorprendernos nuestra recién descubierta afinidad por estas criaturas.

El poder de los animales domésticos

Los animales de los que nos sentimos más cerca son aquellos que, como las ballenas, incorporan un importante aspecto social en sus vidas. Algunos de estos animales los hemos escogido como mascotas. Como compartimos nuestra vida con ellos, en ocasiones notamos pequeñas muestras de sus poderes ocultos.

Muchos compartimos nuestra vida con un perro o un gato. De los dos, el gato es el que menos ha cambiado en el proceso de domesticación y tanto su aspecto exterior como su conducta apenas difieren de las del gato salvaje. El perro se muestra bajo distintas formas, pero por carácter e instinto, bajo su piel, sigue siendo un lobo. Los poderes que podemos percibir son, por tanto, los que poseían sus ancestros salvajes.

De entre todos los supuestos poderes de nuestras mascotas, el más extraordinario es el que les permite encontrar el camino de regreso desde grandes distancias. Si alguien pierde su animal doméstico durante un viaje, o es robado o regalado a otra persona, sea cual sea la causa de la separación, el animal encuentra finalmente el camino de regreso a casa, emprendiendo un viaje que en ocasiones puede obligarle a recorrer cientos de kilómetros.

En Australia, el récord lo ostenta un *collie* llamado Whisky. En octubre de 1973, se separó de su amo, un camionero, en una cafetería cerca de Darwin. En julio del año siguiente se presentó en su casa de Melbourne, tras recorrer casi 2.900 kilómetros.

El récord de velocidad en Reino Unido lo tiene un gato atigrado llamado McCavity, el cual fue desde su nuevo hogar en Cumbernauld, Escocia, hasta el anterior en Truro, Cornwall, tan sólo en tres semanas. Para recorrer los 800 km que separan ambos lugares mantuvo una media de casi 40 km al día. Y existen infinidad de casos similares.

Por supuesto, algunos de estos casos pueden ser explicados por la confusión de identidades: una persona que ha perdido a su gato está predispuesto a creer que el animal extraviado y demacrado que hay frente a su puerta es aquel que perdió unos meses antes. Pero existe un conjunto de pruebas documentadas de casos en los que alguna marca o señal distintiva del animal no dejaba ninguna duda sobre su identidad ni sobre la hazaña conseguida. En cierto modo, esto no debería sorprendernos: cada fin de semana se sueltan miles de palomas de carreras que realizan viajes similares.

Se han hecho experimentos llevando a un gato en coche para desorientarle y dejándolo después en un laberinto con 24 caminos diferentes. Los resultados mostraron que el gato tomaba el camino correcto desde el principio. En pruebas similares con gatos y palomas, los primeros mostraron una habilidad superior para orientarse bien.

Al igual que los pájaros, los gatos y los perros usan normalmente una serie de señales que los guían mientras viajan. La más importante de todas es saber dónde se encuentra el punto de partida respecto a su hogar. Cómo lo consiguen es todavía hoy un misterio. Tal vez tenga que ver con memorizar las vueltas y giros del camino de ida, pero ésta es una teoría desestimable. Las explicaciones más plausibles hacen referencia a cambios en el campo magnético de la nueva localización.

Asumiendo que cuando un animal emprende su camino lo hace en la dirección correcta, el resto del viaje ha de limitarse a mantener el mismo rumbo. Tal como vimos en el capítulo 4, muchos animales usan el Sol como guía, empleando un preciso sentido del tiempo para compensar sus movimientos en el cielo. Utilizan asimismo las estrellas: la Estrella Polar y las constelaciones cercanas les sirven para orientarse durante la noche. Los campos magnéticos terrestres suponen un sistema de apoyo de reserva, ofreciéndoles pistas cuando las nubes oscurecen el firmamento.

Cuántas de estas ayudas son usadas por los gatos y los perros es algo desconocido. Una vez llegan a las inmediaciones de su hogar entra en acción su sentido del olfato. Tanto en los gatos como en los perros este sentido está sumamente desarrollado y no hay duda de que los olores de su hogar les guían en la etapa final de su viaje. Estos olores pueden ser captados a varios kilómetros de distancia. Incluso pájaros como las palomas, cuyo sentido del olfato no es especialmente remarcable, construyen un mapa olfativo de su área de acción que les ayuda a regresar a casa desde cierta distancia. Para un gato o un perro, obviamente, es bastante más fácil.

Existe un segundo caso de localización, menos explicable desde nuestro conocimiento de la navegación animal. Se trata de cuando un animal doméstico queda atrás y su amo sigue moviéndose. A pesar de separarles una gran distancia, el animal consigue encontrarle. La única explicación aceptada por la ciencia se refiere a casos de identidad errónea o encuentros casuales. Pero esto sólo evita la cuestión y algunos creen que debe haber una especie de conexión entre la mascota y su amo, todavía no comprendida por la ciencia, la cual puede ayudar al animal a salvar grandes distancias. Esto explicaría también la facilidad con que los animales en estado salvaje se localizan unos a otros. Y aun daría respuesta a otro fenómeno inexplicable: cómo parecen saber los animales que sus amos están a punto de llegar a casa.

Terapia de delfines. La gente saluda a un delfín durante una sesión de encuentro, convencidos del sobrenatural poder curativo de estos animales.

Cómo reconocen las mascotas

Mucha gente explica que sus animales domésticos advierten su llegada anticipadamente y los esperan ansiosos. Ya que en los gatos y perros el sentido del tiempo es preciso en extremo, podrían calcular fácilmente la hora en que una persona vuelve del trabajo; pero algunos animales parecen adivinar situaciones mucho menos predecibles. La explicación más razonable es que su agudo sentido auditivo alcanza a oír sonidos que nosotros no podemos percibir. El tintineo de unas llaves en la distancia crea unas señales ultrasónicas que el oído de un gato puede llegar a percibir. Del mismo modo el motor de un coche o los pasos de una persona pueden tener también sus propios sonidos característicos.

Gatos y perros son también muy selectivos en cuanto a los sonidos que pueden ser importantes para ellos. Ignoran la mayor parte de nuestra conversación, pero palabras específicas como «camina», «comida» o «cama» provocan una respuesta inmediata. Esta misma selectividad al escuchar, si se dirige al amo que vuelve a casa, puede explicar muchas de las situaciones comentadas.

Animales domésticos sanadores

Los animales domésticos poseen otro poder sobrenatural muy estudiado en los últimos tiempos. En experimentos con niños y mayores se ha demostrado que las mascotas tienen el poder de curar.

La gente que tiene animales domésticos sufren menos estrés y disfrutan de mejor salud que el resto de la gente. Los gatos y los perros conectan y se integran bien en nuestro mundo porque son animales sociales. El perro en particular procede de una sociedad muy parecida a la nuestra: la manada de lobos es un fiel reflejo de los pequeños núcleos familiares de los primeros hombres, y ambos grupos parecen unidos por los mismos lazos de amistad y afecto. Al traerlo a nuestro mundo, el perro dirige su afecto hacia nosotros, convirtiéndose en un magnífico sustituto humano para la gente que está sola. El gato, pese a no ser tan efusivo y leal, muestra un afecto similar. Sentirnos queridos y útiles es, obviamente, beneficioso para nuestra salud.

Diversos estudios han demostrado que los pacientes que se recuperan de un ataque al corazón tienen más posibilidades de sobrevivir si tienen un animal doméstico como compañía. El solo acto de acariciar un gato o un perro relaja la presión sanguínea y los latidos del corazón y proporciona beneficios similares a los de la meditación.

Debido a lo provechosos que resultan para la salud, se están utilizando animales domésticos en muchos hospitales para ayudar a los pacientes a recuperarse más deprisa. Al provocar una sensación de bienestar general, aceleran la recuperación. Son también de gran ayuda en otros casos, pues son para los pacientes alguien que cuidar y ello ayuda a invertir la sensación de dependencia que provocan los hospitales.

Los poderes de curación de los animales domésticos funcionan sobre todo en aquellas personas con problemas mentales al proporcionarles una vía de contacto con la realidad. Para las personas a las que les cuesta relacionarse en sociedad, el hecho de tener una mascota les da la oportunidad de ofrecer su amor sin lazos que aten. Esas personas aceptarán el afecto de un animal mucho antes que el de otra persona.

El hecho de que podamos entender los poderes curativos de los animales domésticos gracias al conocimiento científico no los hace menos maravillosos, aunque parece haber algo en la mente humana que resta valor a un enigma si éste ha sido descubierto. Nos encantan los misterios y ninguno como el que rodea la figura de los delfines.

Delfines sobrenaturales

Los delfines han sobrepasado a todos los otros animales como representantes de lo sobrenatural. Uno de los descubrimientos más recientes e intrigantes sobre ellos hace referencia a su aparentemente mágica habilidad para sanar cierto tipo de enfermedades. Se ha afirmado que los delfines ayudan a la gente con discapacidades como el Síndrome de Down, el autismo o la distrofia muscular. Parece que ayudan a incrementar la producción de los narcóticos naturales del cerebro, las endocrinas, así como también estimulan el aumento de células antiinfecciosas, las cuales ayudan a la gente a luchar contra el cáncer o el SIDA. En un caso que obtuvo mucha publicidad, un niño inglés de ocho años, atrapado en un mundo de silencio desde su nacimiento, musitó sus primeras palabras después de pasar tres días en una terapia con delfines.

No hay duda de que los delfines puede mejorar la salud de algunas personas, en especial las de quienes sufren depresión. El debate se centra en el método. Los científicos más escépticos sugieren que la simple excitación al encontrarse cerca de un animal tan grande y carismático es suficiente para inducir un estado de euforia en la gente impresionable lo cual, unido a la sensación de fiesta que rodea tal experiencia, provoca efectos beneficiosos. Otros buscan una razón más profunda.

La hipótesis más fascinante nos habla del sonar que los delfines utilizan para examinar a la gente bajo el agua. Centrado en la protuberancia que estos animales tienen en la cabeza, estas emisiones ultrasónicas de alta energía pueden dejar sin sentido a los peces provocando resonancia en sus vejigas. La gente que nada con delfines nota en ocasiones cómo estas ondas sónicas le atraviesan, proporcionándoles un extraño cosquilleo. Una teoría sugiere que el sonar de los delfines puede llegar a afectar el tejido celular de nuestro cuerpo. Curiosamente, los fisioterapeutas usan los ultrasonidos como un medio para curar tejidos dañados, a pesar de que las frecuencias utilizadas son cinco veces más altas que las que emplean los delfines. Todas estas suposiciones todavía están siendo estudiadas por la ciencia.

Aquellos que expusieron la teoría de los poderes curativos de los delfines aprovecharon para sugerir que eran animales mágicos con una gran afinidad con los humanos, imbuidos de poderes místicos. También apuntaron la idea de que los delfines nunca habían atacado a los humanos y de que existen fuertes lazos de parentesco psíquico entre ambos. De hecho, a pesar de que los delfines son animales extraordinarios, con una aparente similitud con el hombre, si fueran usados más regularmente en sesiones de terapia, nos encontraríamos con montones de chascos o casualidades. Las huellas de mordiscos que aparecen en los costados de la mayoría de delfines nos muestra un lado agresivo del cual no se habla prácticamente nunca.

En la terapia con delfines, nuestra búsqueda de lo sobrenatural llega hasta el límite de la investigación científica; como resultado se produce un agrio debate y un gran escepticismo sobre lo que está ocurriendo realmente. La ciencia nos revela que los delfines tienen el poder de observarnos bajo un prisma muy distinto a la experiencia humana habitual. Su sonar puede penetrar en nuestro cuerpo y «ver» la estructura del esqueleto (Capítulo 1, página 48), por lo que tienen también medios para detectar un cáncer, dándose cuenta de los cambios de densidad en los tejidos. Son capaces de detectar clavos de metal en las piernas o un marcapasos en el corazón de un paciente y pueden investigar estos objetos extraños. Si son capaces entonces de hacer algo con la información de que disponen, es donde la ciencia y la fe se separan. Esto ocurre inevitablemente al filo del conocimiento científico. La ciencia es la única herramienta que tenemos para darle sentido a nuestro mundo, pero allí donde hay lagunas de comprensión, la imaginación humana se pone a trabajar duro para llenarlas.

A pesar de que la ciencia continúe explicando misterios, siempre parece haber otros por descubrir. Poca gente cree hoy que algún día será posible conocerlo todo: el mundo natural siempre esconderá algunos enigmas. Parece que lo preferimos así. Nuestra primera relación con el mundo natural era una relación sobrenatural; las pinturas rupestres de Lascaux, las Líneas Nasca del Perú y las prácticas de los pocos chamanes que hoy en día perviven sugieren un básico deseo humano de alcanzar y tocar lo inexplicable. A pesar de que la ciencia actual ha ampliado los horizontes del conocimiento, quedan todavía innumerables cuestiones sin respuesta para satisfacer esa necesidad humana. Tal vez es así como debería ser siempre.

ÍNDICE

CRÉDITOS FOTOGRÁFICOS

La BBC Worldwide desearía agradecer a las siguientes personas haber proporcionado fotografías y el permiso para reproducir material registrado. Aunque se ha hecho todo el esfuerzo posible para notificar y publicar todos los poseedores de los
derechos, pedimos disculpas por si hubiera alguna omisión.

ARDEA página 110 *intercalado* (Wardene Weisser), 113 (D. Parer & E. Parer-Cook) & 155 *arriba*; BBC NATURAL HISTORY
UNIT PICTURE LIBRARY página 70 (Brian Lightfoot); BRUCE COLEMAN COLLECTION páginas 16 *fotografía de fondo* (Gun-
ter Ziesler), 32 (Pacific Stock), 58 (Rod Williams), 58–59 (Gunter Ziesler), 67 (Christer Fredriksson), 94 (John Cancalosi), 100
(Jeff Foott Productions), 138–139 (Kim Taylor), 142 (Kim Taylor), 163 (George McCarthy) & 179 *intercalado* (Scott Nielson);
M & P FOGDEN página 16 *intercalado*; ROBERT HARDING PICTURE LIBRARY página 123 (Minden Pictures/Michio Hoshi-
no); IMAGES COLOUR LIBRARY página 150; NATURE PHOTOGRAPHERS página 95 (N.A. Callow); NHPA páginas 12 (Daniel
Heuclin), 27 *central* (Alan Williams), 30–31 (A.N.T.), 62–63 (Stephen Dalton), 72 (Kevin Schafer) & 89 (Daniel Heuclin); OX-
FORD SCIENTIFIC FILMS páginas 62 (Animals Animals/Raymond A. Mendez), 71 *abajo* (Animals Animals/Joe & Carol Mc-
Donald), 99 (Tui de Roy), 106–107 (Doug Allan), 109 (Peter Parks), 115 (Stephen Dalton), 126–127 (Survival Anglia/Rick Price),
134 *fotografía principal* (Richard Day) & 175 (David B. Fleetham); PLANET EARTH páginas 29 (Andre Bartschi), 43 (David P.
Maitland), 71 *arriba* (Jonathan Scott), 74–75 *intercalado* (Rod Williams), 82–83 (Norbert Wu), 102–103, 118–119 *abajo*
(Steve Bloom), 130 (B.& C. Alexander), 131 (Peter David), 147 (Manoj Shah), 166–167 (Marty Snyderman), 174 (Stephen P.
Hopkin) & 183 (Tony Joyce); SCIENCE PHOTO LIBRARY páginas 6 (Pekka Parviainen), 10–11 (CNRI/G. Hadjo), 14 (Manfred
Kage), 34 (David Scharf), 54 (Fred K. Smith), 74 *fotografía principal* (Hermann Eissenbeiss), 78–79 (Kent Wood), 86 (Mehau
Kulyk), 90 (Martin Bond), 134 *intercalado* (Wolfgang Baumeister), 135 *arriba* (Microfield Scientific Ltd.), 135 *abajo* (Alex Bar-
tel), 136–137 (Jeremy Burgess) & 143 (Jonathan Watts).

El resto de fotografías son de John Downer.